ABRINDO UMA LOJA MAÇÔNICA

Rito Escocês Antigo e Aceito

Álvaro de Queiroz

ABRINDO UMA LOJA MAÇÔNICA

Rito Escocês Antigo e Aceito

MADRAS®

© 2014, Madras Editora Ltda.

Editor:
Wagner Veneziani Costa

Produção e Capa:
Equipe Técnica Madras

Revisão:
Margarida A. G. de Santana
Arlete Genari
Neuza Rosa

Dados Internacionais de Catalogação na Publicação (CIP)
(Câmara Brasileira do Livro, SP, Brasil)

Queiroz, Álvaro de Abrindo uma loja maçônica / Álvaro de Queiroz. --
1. ed. - São Paulo : Madras, 2014.
Bibliografia.
ISBN 978-85-370-0885-0
1. Maçonaria 2. Maçonaria - Rituais 3. Maçonaria - Simbolismo I. Título.
13-11848 CDD-366.12

Índices para catálogo sistemático: 1. Maçonaria : Rito escocês antigo e
aceito : Sociedades secretas 366.12

É proibida a reprodução total ou parcial desta obra, de qualquer forma ou por qualquer meio eletrônico, mecânico, inclusive por meio de processos xerográficos, incluindo ainda o uso da internet, sem a permissão expressa da Madras Editora, na pessoa de seu editor (Lei nº 9.610, de 19.2.1998).

Todos os direitos desta edição reservados pela

MADRAS EDITORA LTDA.
Rua Paulo Gonçalves, 88 — Santana
CEP: 02403-020 — São Paulo/SP
Caixa Postal: 12183 — CEP: 02013-970
Tel.: (11) 2281-5555 — Fax: (11) 2959-3090
www.madras.com.br

Dedico este trabalho aos Irmãos:
Castor José Feijó, pelos 50 anos de Maçonaria.
Irany Paraná do Brasil, pelos 100 anos de vida.

Em Memória:
Antônio Figueiras de Vasconcelos
Felix Bernard Stamer,
Luiz Carlos Hartman,
Manoel Augusto Simões,
Reinaldo Bontancia.

Índice

Introdução 11
O que é a Maçonaria 15
A Origem da Maçonaria... 19
O que é uma Loja Maçônica 23
    Lojas Simbólicas..24
    Lojas de Perfeição..25
    Lojas Capitulares 25
    Areópagos ou Conselhos de Kadosch...................25
    Consistórios 26
    Lojas a Descoberto 26
    Lojas de Adoção...27
    Lojas Adormecidas 27
    Lojas de Banquete 27
    Lojas Clandestinas 27
    Lojas Extintas 28
    Lojas de Família...28
    Lojas-Mãe 28
    Lojas Militares 28
    Lojas de Emergência..28
    Lojas Ocasionais..28
    Lojas Operativas 29
    Lojas Simples 29
    Lojas Irmãs 29
    Lojas Provisórias..29

Lojas de Reconciliação 29
Lojas de Instrução 30
Lojas de Correspondência 30
Lojas de Pesquisas 30
Lojas Primitivas 30
Loja de Esclarecimento 30
Como Surge uma Loja Maçônica 30
O que é Necessário para Fundar uma Loja 33
Outros Aspectos sobre as Lojas 37
Regularização de Lojas 37
Filiação de Lojas 38
Adormecimento de Lojas 38
Reerguimento de Lojas 38
Dissolução de Lojas 39
Os Deveres e Direitos das Lojas 39
Deveres das Lojas 39
Direitos das Lojas 40
A Administração e os Cargos da Loja 41
Venerável Mestre 43
Primeiro Vigilante 45
Segundo Vigilante 45
Orador 45
Secretário 46
Tesoureiro 47
Chanceler 47
Mestre de Cerimônias 48
Hospitaleiro 48
Primeiro Diácono 49
Segundo Diácono 49
Guarda do Templo 49
Cobridor 50
Experto 50
Porta-Estandarte 50

Porta-Bandeira 50
Porta-Espada 50
Arquiteto 51
Mestre de Harmonia 51
Bibliotecário 51
Mestre de Banquetes 51
Ex-Veneráveis 52
Tipos de Sessão 52
Deveres e Direitos do Maçom 55
    Deveres do Maçom 55
    Direitos do Maçom 56
O Prédio da Loja 59
    Sala dos Passos Perdidos 63
    Câmara de Reflexões 63
    O Átrio 65
    O Templo 66
    O que é Templo 67
A Origem e Evolução dos Templos 71
    A Arquitetura das Catedrais 89
    Nártex 89
    Nave 91
    Transepto 92
    Cruzeiro 93
    Coro 94
    Abside 94
    Deambulatório 95
    Capelas Radiantes 96
    Cabeceira 97
A Origem do Templo Maçônico 99
    Plano do Templo 108
A Porta do Templo 109
As Colunas da Porta do Templo 113
O Mar de Bronze 117

A Pira 123
A Coluna da Harmonia 127
O Ocidente 131
As Colunas Zodiacais 135
    Era de Leão – (de 10000 a.C. a 8000 a.C) 143
    Era de Câncer – (de 8000 a.C a 6000 a.C.) 143
    Era de Gêmeos – (de 6000 a.C. a 4000 a.C.) 143
    Era de Touro – (de 4000 a.C. a 2000 a.C) 143
    Era de Áries – (de 2000 a.C. a 0) 143
    Era de Peixes – (de 0 a 2000 d.C.) 143
    Era de Aquário – (de 2000 d.C a 4000 d.C) 143
    Os Signos Zodiacais na Maçonaria 147
O Pavimento de Mosaico e a Orla Dentada 153
    A Corda de 81 Nós 156
    O Altar dos Juramentos 159
    O Teto do Templo 163
    As Constelações 168
    A Coluna do Norte 179
    A Coluna do Sul 180
    O Oriente 181
    O Altar dos Perfumes 183
    O Dossel 185
    As Colunas do Oriente 185
    Os Deltas 186
    O Delta Luminoso 187
    O Delta Sagrado 187
    A Prancheta da Loja 188
    O Malhete 188
    O Trono 189
    Bibliografia 191

Introdução

Não é novidade a Maçonaria ser considerada uma Sociedade Secreta e despertar tanta curiosidade em torno de suas atividades. Na verdade, a Maçonaria sempre teve uma postura discreta e suas atividades sempre foram restritas a seus membros ou convidados. Essa atitude reservada se prende ao fato de a Maçonaria não ser uma sociedade pública e aberta a todas as pessoas; seus participantes são escolhidos e apresentados por integrantes das próprias Lojas.

Toda essa preocupação não caracteriza nenhum preconceito; muito pelo contrário, a Maçonaria abriga pessoas de todas as raças, de todas as convicções políticas que não privem a liberdade individual e de pensamento, e de todos os credos religiosos que acreditem em uma entidade suprema e na vida após a morte.

O convívio de pessoas de raças, pensamentos e credos diferentes envolve uma preocupação com relação à seleção dos integrantes para que não existam conflitos tão comuns em outras sociedades.

As restrições a convicções políticas que privem a liberdade individual e de pensamento deve-se ao fato de a Maçonaria sempre ter participado de movimentos ligados à libertação de escravos e povos subjugados por ditadores.

A limitação a credos religiosos que acreditem em uma entidade suprema e na vida após a morte diz respeito aos próprios rituais maçônicos, que estabelecem ensinamentos morais restritos a atividades religiosas que adotam esse tipo de pensamento e sem restringir ou tentar modificar o pensamento religioso de cada membro. Em homenagem a todas as religiões, denomina a entidade suprema de Grande Arquiteto do Universo.

Alguns outros procedimentos maçônicos envolvem discrição, como doações a necessitados, em que a Maçonaria evita qualquer tipo de divulgação para não causar nenhum constrangimento ou humilhação a quem recebe.

O importante a respeito da Maçonaria é que não existe nada de incorreto em seus procedimentos e ensinamentos, que são todos voltados para o aprimoramento moral e espiritual de seus membros, sem envolver preconceitos. Também o respeito às leis dos países onde ela está presente é um preceito básico, devendo as Lojas estarem devidamente regularizadas, cumprindo todas as exigências governamentais a que estejam enquadradas.

As Lojas Maçônicas denominadas regulares devem estar congregadas em uma Potência maçônica devidamente reconhecida por outras Potências de caráter nacional, e de preferência internacional, que possuem normas de conduta estabelecidas ao longo do tempo e não reconhecem entidades que não mantenham o controle rigoroso sobre a entrada e saída dos Irmãos, mantendo normas e leis regidas por: Regulamento Geral, Constituição, Código Eleitoral, Código Penal, entre os quais que visam estabelecer o respeito e a harmonia entre os Irmãos e as Lojas entre si.

Em alguns países existem Potências Diferentes que normalmente mantêm acordos de amizade e cooperação entre elas, permitindo que os Irmãos visitem Lojas de outras Potências regulares sem qualquer problema.

Mas também existem Lojas que não são filiadas a nenhuma Potência ou são filiadas a Potências irregulares. Nesse caso são consideradas Lojas Espúrias, não sendo permitida a visita de Irmãos de Lojas regulares a essas Lojas como também não são aceitas visitas de Irmãos de Lojas Irregulares a Lojas Regulares, pois o reconhecimento implica na obediência a normas estabelecidas mundialmente.

Neste novo trabalho, minha intenção é divulgar o funcionamento das Lojas Maçônicas, que são os locais onde os maçons se reúnem. Vou procurar abordar o assunto de maneira simples, como de costume, buscando descrever não só o local com seus símbolos, mas também a parte burocrática relativa à fundação e ao funcionamento de uma Loja Maçônica devidamente regularizada.

Espero que esta publicação possa elucidar as dúvidas a respeito, pois as Lojas Maçônicas são locais de aprendizado moral e espiritual, que não possuem nada que as desabone e, particularmente, não acredito que exista inconveniente algum em abordar o assunto para leitores que não pertencem à Maçonaria, pois além do tema ser interessante, acaba esclarecendo aspectos que no passado eram tidos como obscuros. Por esse motivo, as pessoas a imaginavam situações tenebrosas que nunca corresponderam à verdade, mas que por desconhecimento colocou a Maçonaria perante a opinião pública como uma entidade maléfica e em cujos Templos eram praticados cerimoniais macabros.

Atualmente, em virtude do grande número de publicações maçônicas, o assunto está mais esclarecido. Espero que este trabalho venha contribuir para um esclarecimento ainda maior.

Importante: Neste livro utilizei como base os manuais da Grande Loja Maçônica do Estado de São Paulo. Existem outras Potências maçônicas regulares que possuem manuais semelhantes, com pequenas notificações. Acredito não existir nenhum problema, pois a essência e os objetivos são os mesmos.

O que é a Maçonaria

Não podemos falar sobre as Lojas Maçônicas sem que falemos sobre a Maçonaria, pois muitos perguntam: afinal, o que é a Maçonaria?.

As definições e explicações sobre a Maçonaria vão desde as calúnias às explicações buriladas com frases de efeito. Com relação às calúnias, podemos citar as mais usuais:

- Maçonaria é a sinagoga de satã.
- É uma máfia que esconde projetos políticos.
- Uma sociedade de auxílio mútuo.
- Um órgão do imperialismo anglo-saxão.
- Uma sociedade secreta, que pratica fórmulas misteriosas para invocar o anjo caído.

Poderia continuar mostrando um número grande de definições que desabonam a Maçonaria, e algumas possuem uma formulação tão ridícula que chegam a ser cômicas. Também poderia citar definições favoráveis nas quais existem exageros descabidos que não devem ser mencionados, pois não correspondem à verdade.

Acredito ser melhor descrever o que a Maçonaria realiza do que citar definições que não vão esclarecer o que realmente ela significa. Dessa forma podemos citar vários aspectos da Ordem para que cada leitor forme sua própria definição.

A Maçonaria é uma sociedade iniciática que restabeleceu a tradição dos ensinamentos esotéricos ministrados nos Santuários Egípcios, transmitindo-os aos seus iniciados.

Seus ensinamentos são transmitidos por meio de símbolos e alegorias, mantendo oculta suas verdades do mundo profano, só as revelando aos que ingressam na Ordem pela iniciação.

As Lojas Maçônicas não são abertas ao público em geral, mas apenas aos membros efetivos.

Os novos membros das Lojas Maçônicas são admitidos mediante apresentação dos membros efetivos.

A Maçonaria exige de seus filiados boa reputação moral, cívica, social e familiar pugnando pelo aperfeiçoamento dos costumes.

A Maçonaria combate o fanatismo e as paixões desenfreadas que acarretam o obscurantismo.

Ela incentiva o solidarismo, o mutualismo, o cooperativismo, o seguro social, assim como outros meios de ação social, considerando o trabalho lícito e digno como dever primordial do homem.

A Maçonaria proíbe expressamente em seus Templos toda discussão religiosa-sectária ou político-partidária.

Exige tolerância para com toda e qualquer forma de manifestação de consciência de religião ou de filosofia, cujos objetivos sejam os de conquistar a verdade, a moral, a paz e o bem-estar social.

Ela se fundamenta na tríade Liberdade, Igualdade e Fraternidade, dentro dos princípios da razão e da justiça.

As Lojas Maçônicas são mantidas pelos seus membros por meio de contribuições mensais.

Os filiados às Lojas Maçônicas podem se desligar delas, pedir afastamento por tempo determinado, mudar de Loja e até de Potência Maçônica, como também retornar, existindo regulamento específico para cada caso.

Existe uma série de outros aspectos relativos à Maçonaria que acredito não ser importante mencionar, pois os relatados acima são os que geram maiores dúvidas.

Na verdade, como podemos observar, não existem mistérios ocultos que não podem ser revelados a não ser os ensinamentos iniciáticos e ritualísticos transmitidos aos seus membros, fato comum em qualquer sociedade iniciática, como também em sociedades religiosas, no que se refere à efetivação de seus sacerdotes, rabinos, pastores, monges, etc.

O que mais intriga com relação à Maçonaria é como pessoas de raças, credos e pensamentos políticos diferentes podem conviver em perfeita harmonia. Em minha opinião, é por serem pessoas escolhidas, muito embora seja importante mencionar que não existe a perfeição maçônica, mas um conjunto de leis e tribunais maçônicos para punir possíveis infratores.

A Origem da Maçonaria

A origem da Maçonaria agrupa um grande número de controvérsias envolvendo o local, a data e os personagens.

Alguns autores influenciados pelo tema descrevem o início em circunstâncias até absurdas, relatando civilizações existentes e inexistentes, partindo do início do mundo com Adão, passando pelo continente perdido de Mu, Atlântida, Assíria, Caldeia, Babilônia, Essênios, pelo Templo de Salomão, Roma, Grécia, Templários, só faltando ligar a Maçonaria a alguma entidade interplanetária ou a Deus.

Esse giro da origem maçônica acabou envolvendo vários personagens históricos como: Zoroastro, Buda, Jesus Cristo, Pitágoras, Akenaton, e muitos outros, todos ligados à Maçonaria, segundo esses autores.

Outros historiadores maçônicos acreditam que a Ordem teve sua origem nos Colégios Romanos, espécies de associações corporativas derivadas dos Galo-Romanos, que existiram por volta do ano 500 de nossa era.

Também são citadas as associações monásticas de construtores da Idade Média, as quais mantinham suas atividades em razão da ajuda de ordens religiosas ou semirreligiosas.

O documento mais antigo da Maçonaria Operativa até o presente momento é o Poema Regius ou Manuscrito Halliwell encontrado em 1839 pelo antiquário James Orchard Halliwell, na Régia biblioteca do museu Britânia de Dnodes.

O Poema Regius, como ficou conhecido, é uma recompilação dos regulamentos dos trabalhadores de pedra, denominados *Freemasons*, sob forma de poema composto de 294 versos duplos.

O seu autor possivelmente seja um eclesiástico por causa do seu conhecimento relativo à história da sociedade, pois era comum eclesiásticos letrados ocuparem funções de secretários nas Lojas de Maçons Operativos.

O manuscrito é composto por uma história lendária da arquitetura maçônica e vários artigos, com uma ordenação referente em futuras assembleias; contém uma série de lendas sobre a Torre de Babel, Nabucodonosor, Euclides e seus ensinamentos, e as regras para o comportamento na igreja e no cerimonial.

O autor do descobrimento do Poema Regius acredita que ele foi escrito entre 1356 e 1400, mas alguns autores acreditam que sua origem é de 1425 a 1427.

Quanto à origem da Maçonaria, o mais provável é que ela teve sua origem nas associações de pedreiros livres, os construtores de catedrais.

Segundo estudos mais confiáveis, esses pedreiros mantinham segredos da arquitetura, possuíam uma hierarquia e chamavam-se de Irmãos entre si. Realizavam suas refeições em conjunto, promoviam a união entre seus membros, possuindo ritos tradicionais e propagando uma ajuda mútua.

A partir do século XVI, na Inglaterra e na Escócia, as associações começaram a perder seu poder, o que resultou em uma busca por membros estranhos à profissão, ligados a nobres que possuíam prestígio na Coroa. Essa nova situação acabou transformando as associações em um misto de operativas e especulativas. A partir do século XVIII, passaram a ser totalmente especulativas.

A partir da fase especulativa, a Maçonaria passou a receber a influência de diversas correntes de pensamento ocultista, espiritualista e religiosa, que buscaram no passado remoto antigas tradições e conhecimentos iniciáticos e filosóficos, surgindo uma grande quantidade de Ritos que, embora diferentes, eram ligados entre si pela semelhança e pelos objetivos.

As Lojas Maçônicas se multiplicaram e surgiram as Grandes Lojas, que abrigavam um conjunto de Lojas a elas subordinadas, formando as Potências Maçônicas.

A Maçonaria se espalhou pelo mundo e hoje existe em praticamente todos os países em que há liberdade de pensamento.

O que é uma Loja Maçônica

A origem da palavra Loja vem sendo estudada por inúmeros pesquisadores e tem gerado uma série de controvérsias com relação à sua origem e significado.

Alguns autores acreditam que a palavra deriva do sânscrito *Loka*, que significa "mundo", pois uma Loja Maçônica simboliza o mundo e o Universo. Outros citam a palavra *Logia,* de origem latina, ou *Laudia*, do germânico, como também *Laubja,* do alemão antigo, significando nesse caso uma "Ramada", ou uma "cabana feita de folhagens". Encontramos também em francês *Loge,* em espanhol *Logia,* em italiano *Loggia*, em inglês *Lodge,* o que demonstra que a palavra possui uma origem europeia.

A tese a meu ver mais correta é que os pedreiros livres da Idade Média, os construtores de catedrais, construíam para seu uso cabanas temporárias em torno do sítio onde o trabalho devia ser feito. Esses locais serviam de moradia, refeitório e locais de reuniões, como ocorre atualmente em grandes obras em que são construídos alojamentos para os trabalhadores. Como a Maçonaria Operativa teve sua origem nessas instalações, quando passou a Especulativa o termo foi adotado e Loja passou a ser o local onde os Maçons se reúnem.

Segundo os antigos rituais, três Maçons formam uma Loja Simples, cinco uma Loja Justa e sete uma Loja Perfeita.

A Loja Simples é formada pelo Venerável e dois Vigilantes; todos Mestres; a Loja Justa recebe mais dois Mestres; e a Loja Perfeita, mais um Aprendiz e um Companheiro. Desta forma, uma Loja Maçônica só pode trabalhar se for Justa, Perfeita e Regular, devendo obedecer aos seguintes princípios: Justa, se possuir as três Grandes Luzes colocadas sobre o Altar dos Juramentos (Livro de Lei, Esquadro e Compasso); Perfeita, se estão presentes sete ou mais Irmãos; e Regular, se possui a Carta Constitutiva outorgada pela Potência Maçônica, devidamente reconhecida, à qual a Loja está filiada.

As Lojas também recebem a denominação de Oficinas, no sentido de local de trabalho e de acordo com o tipo de trabalho maçônico a que se destinam. Segundo as leis da Ordem, podem receber várias denominações, como:

LOJAS SIMBÓLICAS

Também denominadas Lojas Azuis, destinam-se aos estudos simbólicos e correspondem aos seguintes graus:

1º Grau – Aprendiz;
2º Grau – Companheiro;
3º Grau – Mestre.

Para muitos Maçons, a conclusão dos Graus Simbólicos corresponde à Plenitude Maçônica, sendo os Graus Filosóficos, que vêm em seguida, uma opção. Polêmicas à parte, as Lojas Simbólicas são as portas de entrada na vida maçônica, locais onde se realizam as iniciações.

A decoração das Lojas de Aprendiz e Companheiro praticamente são idênticas; apenas a Loja de Mestre apresenta uma decoração de luto em razão da Lenda do Terceiro Grau.

LOJAS DE PERFEIÇÃO

Denominadas Lojas Vermelhas ou de Altos Graus, destinam-se aos estudos filosóficos dos seguintes graus:

4º Grau – Mestre Secreto;
5º Grau – Mestre Perfeito;
6º Grau – Secretário Íntimo;
7º Grau – Preboste e Juiz;
8º Grau – Intendente dos Edifícios;
9º Grau – Cavaleiro Eleito dos Nove;
10º Grau – Cavaleiro Eleito dos Quinze;
11º Grau – Sublime Cavaleiro Eleito ou Cavaleiro Eleito dos Doze;
12º Grau – Grão-Mestre Arquiteto;
13º Grau – Cavaleiro do Real Arco;
14º Grau – Grande Eleito ou Perfeito e Sublime Maçom.

LOJAS CAPITULARES

Denominadas também de Lojas Vermelhas, destinam-se aos estudos filosóficos dos seguintes graus:

15º Grau – Cavaleiro do Oriente da Espada e da Águia;
16º Grau – Príncipe de Jerusalém;
17º Grau – Cavaleiro do Ocidente e do Oriente;
18º Grau – Cavaleiro Rosa-Cruz ou Cavaleiro da Águia Branca e do Pelicano.

AREÓPAGOS OU CONSELHOS DE KADOSCH

Denominados Lojas Pretas. Alguns autores não as consideram como Lojas, e sim como Graus Filosóficos, que são os seguintes:

19º Grau – Grande Pontífice ou Sublime Escocês;
20º Grau – Soberano Príncipe da Maçonaria ou Mestre "Äd Vitam";

21º Grau – Noaquita ou Cavaleiro Prussiano;

22º Grau – Cavaleiro do Real Machado ou Príncipe do Líbano;

23º Grau – Chefe do Tabernáculo;

24º Grau – Príncipe do Tabernáculo;

25º Grau – Cavaleiro da Serpente de Bronze;

26º Grau – Príncipe da Mercê ou Escocês Trinitário;

27º Grau – Grande Comendador do Templo;

28º Grau – Cavaleiro do Sol;

29º Grau – Grande Cavaleiro Escocês de Santo André ou Patriarca das Cruzadas;

30º Grau – Cavaleiro Kadosch ou Cavaleiro da Águia Branca e Negra.

CONSISTÓRIOS

Denominados de Maçonaria Branca. Também não são considerados como Loja por alguns autores. Seus graus são os seguintes:

31º Grau – Grande Juiz Comendador ou Grande Inspetor Inquisidor Comendador;

32º Grau – Sublime Cavaleiro do Real Segredo, Soberano Príncipe da Maçonaria;

33º Grau – Grande Inspetor Geral.

LOJAS A DESCOBERTO

Quando os membros de uma Loja por algum motivo não puderem se reunir em seu Templo, podem fazer em qualquer lugar, mesmo a céu aberto, com a condição de os assuntos tratados serem exclusivamente administrativos.

LOJAS DE ADOÇÃO

Foram constituídas na França em 1772, onde sob a responsabilidade de uma Loja Regular eram admitidas mulheres mediante um ritual especial.

LOJAS ADORMECIDAS

São Lojas que, embora não tenham sua Carta Constitutiva revogada, por algum motivo cessaram suas atividades. Elas somente podem retornar com a autorização da Potência Maçônica à qual estavam filiadas.

LOJAS DE BANQUETE

Também chamadas de Lojas de Mesa, são realizadas uma ou duas vezes por ano em algum local das instalações da Loja, menos no Templo, ou em algum outro local fora da Loja, onde é montado o Banquete Ritualístico, que obedece a um ritual especial em que a mesa tem o formato de uma ferradura e os lugares são destinados de acordo com os cargos em Loja. A abertura das Lojas de Banquete é feita sob a proteção do Grande Arquiteto do Universo no Grau de Aprendiz, sendo realizados sete brindes durante o cerimonial, que obedece a um vocabulário próprio. Essa é uma tradição de 1721, realizada por ocasião dos banquetes no dia de São João em homenagem à eleição do Grão-Mestre da Grande Loja da Inglaterra.

LOJAS CLANDESTINAS

São lojas irregulares que funcionam sem estar filiadas a nenhuma Potência Maçônica.

LOJAS EXTINTAS

São lojas cujas Cartas Constitutivas foram revogadas por algum motivo e deixaram de existir.

LOJAS DE FAMÍLIA

São Lojas abertas no Grau de Mestre para discussão de assuntos administrativos, inclusive conselho de família.

LOJAS-MÃE

São Lojas onde os profanos são iniciados ou Lojas que, por causa do grande número de filiados, formaram uma nova Loja.

LOJAS MILITARES

São as Lojas estabelecidas nos exércitos e marinhas de diversos países.

LOJAS DE EMERGÊNCIA

Um Grão-Mestre pode, em caso de emergência, constituir uma Loja nomeando os obreiros.

LOJAS OCASIONAIS

Um Grão-Mestre tem o poder de formar uma Loja com a finalidade de iniciar novos maçons, geralmente sete; e concluída a cerimônia, dissolver a Loja.

LOJAS OPERATIVAS

São as Lojas que desenvolvem algum tipo de assistência social, sustentando um asilo, um orfanato, uma creche, escola ou similares, exercendo um trabalho fora do Templo.

LOJAS SIMPLES

Também denominadas de triângulo, são Lojas de estudos, formadas pela união de três Maçons.

LOJAS IRMÃS

São denominadas as Lojas de uma mesma Obediência ou as que fazem trocas de tratados de amizade.

LOJAS PROVISÓRIAS

Para alguns autores, são as Lojas que solicitaram uma Carta Constitutiva à Potência a que pretendem se filiar e receberam uma autorização provisória do Grão-Mestre, sendo consideradas Lojas Provisórias. Para outros autores, provisória é somente a autorização enquanto esperam a definitiva.

LOJAS DE RECONCILIAÇÃO

Foram constituídas entre 1813 e 1816 pelas Grandes Lojas dos Modernos e dos Antigos na Inglaterra, sendo Lojas compostas de nove Irmãos de cada Obediência, cujo objetivo era pôr fim nas divergências entre elas.

LOJAS DE INSTRUÇÃO

Funcionam sem Carta Constitutiva, dedicando-se exclusivamente ao estudo e aperfeiçoamento maçônico de Mestres.

LOJAS DE CORRESPONDÊNCIA

São as Lojas que funcionam regularmente, subordinadas a uma mesma Potência Maçônica.

LOJAS DE PESQUISAS

São Lojas que desenvolvem única e exclusivamente investigações sobre a história da Ordem, não realizando trabalhos normais nem iniciações.

LOJAS PRIMITIVAS

Consta que no início as Lojas Operativas Escocesas se reuniam fora das cidades em lugares desertos e mantinham cobridores (vigias) nas estradas com o intuito de preservar dos segredos.

LOJAS DE ESCLARECIMENTO

Surgiram na Alemanha, no século XVIII, e não possuíam símbolos, Graus ou cerimônias. Intitulavam-se Franco-Maçons apenas para se beneficiar de proteção.

COMO SURGE UMA LOJA MAÇÔNICA

Existem várias maneiras para o surgimento de uma nova Loja Maçônica, mas todas elas necessitam da vontade de sete Mestres Maçons, dos quais pelo menos um deve ser Mestre Instalado. Esse é o número mínimo de membros necessários para fundar uma Loja.

A fundação de uma nova Loja pode surgir das seguintes maneiras:

- Lojas com muitos membros – Muitas Lojas acabam recebendo em seus Quadros um número muito grande de obreiros, o que não é bom, pois às vezes a espectativa de um iniciado de chegar a Venerável em razão da quantidade de Irmãos que se encontram à sua frente pode até ultrapassar sua estimativa de vida. Por essa razão, surge a necessidade de fundar uma nova Loja para que todos possam ter a oportunidade de progredir dentro da Ordem.
- Dissidência dentro da Loja – Embora dentro das Lojas sejam todos Irmãos e devam conviver na mais perfeita harmonia, e isso ocorre na quase totalidade das Lojas, pode surgir alguma divergência que obrigue um grupo de Irmãos a fundar uma nova Loja para evitar conflitos constantes.
- Maçons adormecidos – Esse termo, na verdade, não é correto, pois as Lojas é que ficam adormecidas quando suspendem seus trabalhos por um período que ultrapasse o previsto nos estatutos. A maioria, contudo, considera que um maçom que se desliga da sua Loja e não vai para outra encontra-se adormecido. Dessa forma, pode ocorrer que um grupo de Irmãos que estavam desligados da Ordem e sejam de uma mesma região resolvam voltar às atividades fundando uma nova Loja. Para que isso seja possível, devem regularizar sua situação com a Potência a qual a nova Loja irá se filiar.
- Mudança de Rito – Pode ocorrer que dentro de determinada Loja um grupo de Irmãos deseje participar de determinado Rito diferente ao de sua Loja. Nesse caso, embora não exista desavença alguma entre os Irmãos, alguns podem sair de comum acordo e fundar uma nova Loja.
- Fusão de Lojas – Existem os casos em que duas ou mais Lojas, por várias razões, desejem fundir-se, surgindo uma nova Loja.

O que é Necessário para Fundar uma Loja

Além da escolha de um lugar para o funcionamento da Loja, que pode ser alugado de uma outra Loja que possua instalações e tenha um dia da semana vago, os Irmãos podem providenciar um lugar próprio a ser decorado para essa finalidade, mas devem também se preocupar com a parte burocrática com a Potência escolhida para a Loja se filiar.

As exigências das Potências Maçônicas com relação à fundação de Lojas variam em alguns aspectos, mas não são muito diferentes. Por essa razão, vou utilizar como exemplo as normas da Grande Loja Maçônica do Estado de São Paulo, no que se refere à parte Maçônica, pois existe a parte legal referente às leis estabelecidas pelas áreas municipais, estaduais e federais para entidades jurídicas.

Para a Potência Maçônica, a Loja Simbólica é uma entidade jurídica que congrega um número ilimitado de maçons, sendo no mínimo sete, sujeita às leis e regulamentos da Potência e aos princípios da Maçonaria Universal.

Para a fundação de uma Loja Simbólica é necessário:

- Requerimento dos interessados ao Grão-Mestre com no mínimo sete Mestres Maçons dentre os quais, pelo menos um Mestre Instalado, solicitando autorização e fundamentando o pedido.

- Após o deferimento, realizar uma reunião de fundação da Loja com a presença dos requerentes.
- Somente será autorizada a fundação de uma Loja em Oriente onde já exista uma ou mais Lojas se estas tiverem em seus Quadros no mínimo 40 membros ativos. Porém, essa norma fica subordinada ao interesse da Potência e a critério do Grão-Mestre.

Fundada a Loja, o processo para expedição da Carta Provisória de autorização deve conter os seguintes documentos:

- Requerimento dirigido ao Grão-Mestre, assinado pelos maçons que integrarão o Quadro de obreiros, solicitando a concessão da Carta Provisória, com indicação do nome da Loja, do Rito a ser adotado, o dia e o local das reuniões;
- Cópia da ata da reunião de fundação, constando a indicação da diretoria provisória;
- Lista dos fundadores, com a assinatura de todos, constando nome, idade, estado civil, profissão e a Loja da qual cada um foi membro;
- *Quite-Placet*, certificado de grau de cada obreiro.
- Compromisso assinado por todos os maçons presentes na fundação de ajuda e orientação à nova Loja, observada a legislação da Potência escolhida até a obtenção da Carta Constitutiva Definitiva.

A reunião de fundação deve ter os trabalhos presididos pelo Mestre Instalado mais antigo.

Após ser examinado e processado pela secretaria da Potência Maçônica, o Grão-Mestre deferirá, negará ou converterá em diligência o pedido.

Caso o pedido seja deferido, o Venerável indicado será notificado para satisfazer as exigências da tesouraria da Potência.

A Loja autorizada não poderá eleger os membros de sua administração. Os indicados para os cargos por ocasião da fundação e referenciados pelo Grão-Mestre deverão exercê-los até a posse da primeira administração eleita. No caso de vacância de qualquer cargo, o substituto será indicado pela Loja e referendado pelo Grão-Mestre.

A Loja Simbólica é denominada pelo nome que adotar e for aprovado pelo Grão-Mestre, não podendo ser o nome de outra já existente ou de pessoa viva. A secretaria da Potência fará o registro do nome, ficando o número para ser determinado na expedição da Carta Constitutiva Definitiva.

Mas existe também os casos de fusão de duas ou mais Lojas, surgindo uma nova. O procedimento para que isso acorra é o seguinte:

- Encaminhar ao Grão-Mestre a prancha de intenção assinada pelo representante legal de cada Loja.

- No prazo de 60 dias, as Lojas interessadas isoladamente devem convocar seus Mestres Maçons por edital para, em três sessões extraordinárias, com intervalo de sete dias, deliberarem sobre o assunto.

- A votação será por escrutínio secreto e a aprovação, por dois terços dos votos presentes às sessões.

- Aprovada a fusão, as Lojas reúnem-se em conjunto, sob a presidência do Venerável de maior idade maçônica para deliberarem sobre o nome e o Rito a serem adotados, dia e local das reuniões, e sobre a diretoria Provisória.

- No prazo de oito dias será pedida a homologação ao Grão-Mestre, juntando-se às atas das reuniões.

As Lojas em processo de fusão deverão estar quites com suas obrigações perante a Potência Maçônica.

Homologada a fusão pelo Grão-Mestre, a Assembleia Deliberativa concederá a Carta Constitutiva Definitiva e, em 30 dias, será realizada a eleição da administração da nova Loja.

Mas as Lojas devem também elaborar seu estatuto e o regimento interno. Com relação ao estatuto, deve constar o seguinte:

- Denominação e data de fundação;
- Finalidade, consignando que não tem fins lucrativos;
- Ilimitação de tempo de duração;
- Ilimitação de número de membros;
- Cargos da administração;
- Duração para o mandato da diretoria;
- Categorias, direitos e deveres de seus membros;
- Disposição quanto às finanças;
- Obediência às Leis da Potência Maçônica escolhida;
- Consignação de que, em caso de suspensão temporária de suas atividades, ou adormecimento, os bens que possuir passarão à Potência Maçônica, que deles se tornará depositária até o reerguimento ou os incorporará ao seu patrimônio em caso de dissolução da Loja;
- Consignação de que o estatuto pode ser reformado após no mínimo um ano de sua vigência, mediante aprovação de pelo menos dois terços dos membros presentes, com direito a voto em sessão extraordinária de Mestres;
- A Loja deve elaborar seu Regimento interno atendendo à legislação da Potência Maçônica escolhida;
- A Potência Maçônica normalmente fica investida dos poderes necessários para promover o cancelamento de todos os registros civis da Loja, se vier a ocorrer a cassação de sua Carta Constitutiva.

OUTROS ASPECTOS SOBRE AS LOJAS

Além da fundação e fusão das Lojas podem ocorrer os casos de regularização, filiação, adormecimento, reerguimento e dissolução de Lojas. Todas essas situações estão previstas nos regulamentos das Potências Maçônicas.

REGULARIZAÇÃO DE LOJAS

A regularização é feita mediante requerimento à Potência Maçônica contendo os seguintes documentos:

- Cópia das atas de três sessões extraordinárias convocadas para essa finalidade, com a aprovação de no mínimo dois terços dos obreiros presentes, com cópias do edital de convocação e da lista de presenças dessas sessões.

- Relação de todos os obreiros interessados na regularização mencionando o nome, endereço, estado civil, profissão, grau e data da iniciação.

- Declaração da nominata da administração da Loja, Rito em que trabalha, dia, hora e local das sessões.

- Autuado e processado o pedido pela secretaria da Potência e ouvido o Conselho do Grão-Mestrado, o Grão-Mestre deferirá, negará ou converterá em diligência.

- Aprovado o pedido, o Grão-Mestre expedirá ato concedendo Carta Constitutiva Provisória, ratificando a administração indicada e nomeando Comissão Regularizadora.

- Como data de fundação será mantida a comprovada pela Loja, e a de sua regularização a do ato do Grão-Mestre.

- Ficam reconhecidos títulos, direitos e prerrogativas desde que não colidam com as leis da Potência escolhida.

FILIAÇÃO DE LOJAS

A filiação obedece aos mesmos requisitos da regularização.

ADORMECIMENTO DE LOJAS

O adormecimento ocorre nas seguintes condições:

• Quando a Loja não se reúne por três meses consecutivos, salvo por motivo de força maior;

• Quando seu Quadro se reduz a menos de sete obreiros.

REERGUIMENTO DE LOJAS

O reerguimento é feito mediante requerimento à Potência Maçônica correspondente, instruindo com os seguintes documentos:

- Cópia da ata que aprovou o reerguimento;
- Relação dos obreiros interessados no reerguimento, mencionando nome, endereço, estado civil, profissão, grau e data da iniciação;
- Anexação do *Quite-Placet*, certificado de grau ou documento equivalente de cada obreiro;
- Indicação da administração provisória, Rito a ser adotado, dia, hora e local das reuniões;
- Processado o pedido pela secretaria da Potência Maçônica e ouvido o Conselho do Grão-Mestrado, o Grão-Mestre deferirá, negará ou converterá em diligência;
- Aprovado o pedido, o Grão-Mestre expedirá ato concedendo Carta Constitutiva Provisória e nomeando Comissão de Reerguimento;
- A Loja reerguida conserva o nome e o número originais.

DISSOLUÇÃO DE LOJAS

A Loja será dissolvida por decisão dos Mestres Maçons, com direito a voto, regularmente convocados e presentes a três reuniões especialmente convocadas para essa finalidade em dias alternados.

A Loja não será dissolvida se pelo menos sete Mestres Maçons com direito a voto assumirem o compromisso expresso de mantê-la.

OS DEVERES E DIREITOS DAS LOJAS

As Potências Maçônicas estabelecem, em suas Constituições, artigos referentes aos deveres e direitos das Lojas de acordo com o seguinte:

DEVERES DAS LOJAS

- Observar e fazer observar as disposições legais emanadas da Potência Maçônica à qual a Loja está filiada;
- Eleger e empossar os membros de sua administração quando por Loja constituída definitiva, cabendo ao Grão-Mestre, ou Mestre Instalador designado por ele, empossar e instalar o Venerável Mestre;
- Elaborar seu estatuto e, após ter sido aprovado pela Assembleia Deliberativa, registrá-lo nos termos da lei civil;
- Realizar sessões nos três Graus Simbólicos;
- Assegurar aos obreiros os seus direitos;
- Prestar assistência maçônica a seus Lowtons;
- Admitir membros em seu Quadro somente por iniciação ou filiação;
- Manter em dia suas contas na tesouraria da Potência Maçônica correspondente;

- Fazer-se representar nas assembleias da Potência Maçônica.

DIREITOS DAS LOJAS

- Elaborar seu Regimento Interno;
- Admitir membros, observadas as disposições regulamentares;
- Elevar no Grau de Companheiro e exaltar no Grau de Mestre os membros de seu quadro mediante autorização da Potência filiada;
- Admitir como Lowtons os filhos e netos de maçons membros de seu Quadro, maiores de 7 anos e menores de 17 anos.
- Instituir taxas compulsórias a seus membros;
- Dispensar, no todo ou em parte, as taxas devidas pelos seus membros.
- Conceder distinções a membros de seu Quadro ou de outras Lojas;
- Gerir suas rendas de acordo com seu estatuto;
- Propor medida de interesse geral da Ordem à Potência Maçônica filiada;
- Elaborar anualmente seu orçamento;
- Promover palestras e conferências, observadas as disposições a respeito;
- Recorrer das decisões do Grão-Mestre com relação a assuntos de interesse da Loja;
- Mudar de Rito devidamente reconhecido pela Potência Maçônica filiada, mediante a aprovação de no mínimo quatro quintos de seus Mestres Maçons.

A Administração
e os Cargos da Loja

A administração de uma Loja é regida pelos seguintes poderes:

Deliberativo – Pelo qual se adotam resoluções que servem de normas para os trabalhos administrativos.

Judiciário – Que atua por meio da Constituição e do Código Processual da Potência Maçônica a que a Loja esteja filiada.

Executivo – Poder exercido pelo Venerável Mestre e seguintes cargos:

LUZES
Venerável Mestre
Primeiro Vigilante
Segundo Vigilante

OFICIAIS
Orador
Secretário
Tesoureiro
Chanceler
Mestre de Cerimônias
Hospitaleiro
Primeiro Diácono

Segundo Diácono
Guarda do Templo
Cobridor
Experto
Porta-Estandarte
Porta-Bandeira
Porta-Espada
Arquiteto
Mestre de Harmonia
Bibliotecário
Mestre de Banquetes

A Loja poderá eleger adjuntos para seus oficiais.

Além desses cargos, fazem parte da administração da Loja: Comissões Permanentes e Comissões Temporárias.

As Comissões Permanentes normalmente são compostas por três Irmãos, sendo as mais comuns as seguintes:

Comissão de Assuntos Gerais;
Comissão de Finanças;
Comissão de Solidariedade.

As Comissões Temporárias podem ser compostas de três, cinco e sete membros nomeados pela Loja para várias finalidades específicas, como por exemplo, quando uma Loja se faz representar em outra, a comissão deve ser de sete Irmãos, fazendo parte dela o Vigilante, o Orador, o Mestre de Cerimônias e o Porta-Espadas revestidos com as insígnias da Loja (aventais, colares e joias).

Todos os cargos de uma Loja Maçônica possuem responsabilidades para com a Loja e para com os Irmãos, devendo cada ocupante saber todas as exigências de seu cargo para melhor poder exercer suas funções.

VENERÁVEL MESTRE

O Venerável Mestre é o representante legal na Potência Maçônica a que a Loja estiver filiada, como também nas relações que a Loja tiver com terceiros em geral.

O Venerável somente poderá exercer o cargo que foi eleito se passar pela ritualística de instalação. Após ser empossado será considerado um Mestre Instalado e, no fim de seu mandato, terá o título de Past-Master (o Mestre que passou).

Além de outras previstas em rituais, as principais atribuições do Venerável são as seguintes:

- Presidir os trabalhos da Loja de acordo com o que determina a Legislação Maçônica.

- Organizar, junto com o Secretário e os Vigilantes, a Ordem do Dia.

- Nomear comissões para fins específicos.

- Assinar com o Orador e o Secretário as atas das sessões após elas terem sido votadas.

- Despachar o expediente, analisar e estabelecer normas administrativas.

- Fazer a verificação da Bolsa de Propostas e Informações, dando-lhe o destino conveniente.

- Proclamar o resultado das deliberações e votações da Loja promovendo a execução das mesmas.

- Nomear comissões para fins específicos.

- Conceder, negar ou cassar a palavra de acordo com as circunstâncias.

- Suspender ou encerrar os trabalhos, caso não consiga manter a ordem e a disciplina na Loja.

- Fazer cobrir o Templo para qualquer membro que venha perturbar a ordem dos trabalhos.

- Decidir questões de ordem que forem suscitadas pelos obreiros.
- Comandar a votação após as conclusões do Orador, sobre os assuntos discutidos.
- Anunciar o resultado da Bolsa de Beneficência. Quando houver visitantes, mandar lacrar a Bolsa para futura conferência.
- Autorizar o Tesoureiro a pagar despesas inadiáveis, não previstas no orçamento da Loja.
- Assinar com o Tesoureiro todos os documentos financeiros.
- Fiscalizar a escrituração da Loja.
- Atender as requisições de livros e documentos solicitados pelo Grão-Mestre.
- Exercer autoridade disciplinar sobre todos os maçons presentes, inclusive sobre os visitantes.
- Assinar o encerramento do Livro de Presença dos Irmãos do Quadro e visitantes no término de cada sessão.
- Fiscalizar a previsão orçamentária.
- Apresentar no final de seu mandato um relatório de sua gestão.
- O Venerável poderá deixar sob malhete (adiar o encaminhamento), até por 30 dias no máximo, qualquer prancha, cuja divulgação julgar inadequada naquele momento, procurando resolver o problema no prazo estipulado. Não conseguindo, levará o caso a sessão futura à Loja que deliberará a respeito.
- Quando o Grão-Mestre, o Grão-Mestre Adjunto ou o Delegado do Grão-Mestre comparecerem à Loja, o Venerável deverá oferecer a presidência dos trabalhos.

- O Venerável pode ser substituído em suas faltas ou impedimentos pelos seguintes obreiros: Primeiro Vigilante, na ausência deste, pelo Segundo Vigilante, e, na ausência dos dois, pelo Past-Master mais recente. Nas sessões Magnas, o Venerável só pode ser substituído por um Mestre Instalado.

PRIMEIRO VIGILANTE

O Primeiro Vigilante comanda a Coluna do Norte, sendo responsável pela disciplina e ordem em sua Coluna, anunciando e fazendo cumprir as ordens do Venerável. Cabe a ele acompanhar o desenvolvimento dos Aprendizes, prestando a assistência necessária para que se tornem Companheiros.

SEGUNDO VIGILANTE

Comanda a Coluna do Sul e, assim como o Primeiro Vigilante, é responsável pela disciplina e ordem em sua Coluna, anunciando e fazendo cumprir as ordens do Venerável. Cabe a ele acompanhar o desenvolvimento dos Companheiros, prestando a assistência necessária para que se tornem Mestres. O Segundo Vigilante substitui o Primeiro em sua ausência; as substituições dos demais cargos ficam a critério do Venerável.

ORADOR

O Orador é o encarregado do cumprimento da lei, preservando a Legislação Maçônica e sanando dúvidas sobre os dispositivos legais. Cabe a ele também:

- Ler os atos e decretos do Grão-Mestre;
- Opor-se de ofício às deliberações contrárias à legislação maçônica;

- Pedir adiamento de votação de matéria em debate por uma sessão, caso julgue que a matéria não foi esclarecida;
- Apresentar as conclusões finais, sem entrar no mérito da questão de todas as matérias em debate;
- Denunciar de ofício a Loja e os Maçons que infringirem a legislação da Potência Maçônica à qual a Loja é filiada;
- Usar a palavra nas sessões Magnas sobre a solenidade;
- Saudar os visitantes em nome da Loja;
- Assinar com o Venerável e o Secretário as atas aprovadas;
- Usar a palavra para esclarecimento em qualquer fase da discussão.

SECRETÁRIO

É o responsável pelo expediente da secretaria, sendo sua função:

- Redigir e ler as atas das sessões;
- Após o despacho do Venerável, expedir, receber e responder a correspondência da Loja;
- Manter em ordem os livros, papéis e demais documentos necessários para as sessões;
- Atender ao Venerável fazendo as convocações;
- Expedir as comunicações regulamentares à secretaria da Potência a que a Loja é filiada;
- Providenciar os Certificados de Grau e *Quite-Placet*;
- Providenciar o registro na Potência Maçônica correspondente ao pedido do Fundo Mútuo de Pecúlio Maçônico dos obreiros logo após a admissão;
- Enviar à Potência Maçônica as fichas de cadastro dos obreiros que mudaram de grau;

- Manter prontuário atualizado de cada obreiro do Quadro;
- Manter em dia e em ordem os arquivos da Loja;
- Assinar com o Orador e o Venerável as atas aprovadas.

TESOUREIRO

O Tesoureiro é o responsável pelas finanças da Loja, competindo-lhe:

- Cuidar de todos os pagamentos e recebimentos da Loja;
- Providenciar a previsão orçamentária, o balanço e os balancetes, acompanhados de todos os documentos;
- Organizar a relação de obreiros quites em condições de votar;
- Apresentar mensalmente ao Venerável a relação de obreiros em atraso de mais de duas mensalidades e contribuições;
- Conferir com o Hospitaleiro o produto da Bolsa de Beneficência, comunicando ao Venerável a quantia arrecadada;
- Assinar com o Venerável todos os documentos financeiros.

CHANCELER

Cabe ao Chanceler:

- Escriturar e manter em ordem o livro de rejeições e punições;
- Manter sob sua responsabilidade os livros de presença da Loja (obreiros e visitantes);
- Informar a assiduidade dos obreiros;

- Proceder à chamada dos obreiros pelo livro de presença sempre que for necessário;
- Organizar com o Tesoureiro a relação de obreiros em condições de votar e serem votados.

MESTRE DE CERIMÔNIAS

Tem como responsabilidade a direção e a execução de todo o cerimonial dentro e fora do Templo. Suas funções são as seguintes:

- Conduzir obreiros e visitantes.
- Na abertura do Livro da Lei deve conduzir o Ex-Venerável imediato ou, na sua ausência, o Orador até o Altar dos Juramentos para com os Diáconos formar o baldaquim triangular.
- Na entrada dos obreiros no Templo é quem bate à porta organizando a entrada ritualística.
- Conduzir os livros de presença para assinatura do Venerável.
- Participar das cerimônias de Iniciação, Elevação e Exaltação conduzindo os candidatos.

HOSPITALEIRO

Compete ao Hospitaleiro:

- Visitar obreiro ausente ou necessitado e comunicar à Loja sobre seu estado e situação.
- Solicitar ao Tesoureiro, mediante autorização do Venerável, os valores necessários para cumprir suas funções.
- Circular com a Bolsa de Beneficência, conferindo com o Tesoureiro o produto da coleta.

- Verificar e informar os pedidos de auxílio dirigidos à Loja.
- Providenciar o recebimento do Pecúlio Maçônico pela família do obreiro falecido.

PRIMEIRO DIÁCONO

Diácono é uma palavra de origem grega que significa "servidor". Suas funções na Loja são:

- Servir ao Venerável, levando suas ordens aos Vigilantes e oficiais;
- Conduzir a Palavra Sagrada ao Primeiro Vigilante;
- Formar com o Mestre de Cerimônias o baldaquim triangular na abertura do Livro da Lei.

SEGUNDO DIÁCONO

Tem como responsabilidade as seguintes funções:

- Servir aos Vigilantes, sendo responsável pelo respeito, disciplina e ordem nas Colunas;
- Conduzir a Palavra Sagrada do Primeiro Vigilante ao Segundo Vigilante;
- Formar com o Mestre de Cerimônias o baldaquim triangular na abertura do Livro da Lei.

GUARDA DO TEMPLO

Suas responsabilidades são as seguintes:

- Zelar pela integridade do Templo, ficando a seu cargo a abertura e o fechamento da porta do Templo.
- Deve, sempre que solicitado, verificar se o Templo está a coberto (protegido de estranhos).
- Após a preparação do Templo para a sessão, deve ficar à porta do Templo pelo lado de dentro até o término dos trabalhos e saída do último Irmão.

COBRIDOR

Suas funções são as seguintes:

- Ficar fora do Templo, na Sala dos Passos Perdidos, mesmo durante a sessão, para vigiar a intromissão de estranhos.
- Conhecer todos os sinais, toques e palavras para poder examinar os visitantes e certificar-se de que são maçons.

Esse cargo teve muita importância na época em que a Maçonaria foi perseguida. Atualmente as Lojas permitem que o Cobridor fique dentro do Templo após a entrada dos obreiros.

EXPERTO

Sua responsabilidade é a seguinte:

- Conduzir o candidato durante as provas de Iniciação, Elevação e Exaltação.

Em determinado momento da Iniciação, o Venerável o chama de Irmão Terrível.

PORTA-ESTANDARTE

É o oficial que conduz o estandarte da Loja nas cerimônias de Iniciação, instalação de Loja, inauguração de um Templo e recepção de autoridades.

PORTA-BANDEIRA

É o encarregado de buscar, conduzir e guardar a Bandeira Nacional nas cerimônias magnas juntamente com uma guarda formada pelo Mestre de Cerimônias e dois Mestres armados de espadas.

PORTA-ESPADA

Sua função é conduzir a espada, emblema do poder, em todas as cerimônias e solenidades da Loja.

ARQUITETO

Suas funções são as seguintes:
• Preparar a Loja para os trabalhos, providenciando todos os instrumentos necessários ao grau.
• Após o término dos trabalhos, recolher todos os instrumentos.
• Normalmente o Arquiteto solicita a ajuda de Aprendizes, Companheiros e até de Mestres novos para que possam se familiarizar com a montagem da Loja.

MESTRE DE HARMONIA

Sua função é promover a harmonia dos trabalhos por meio da música.

Convém lembrar que muitas Lojas não dão muita importância à música, mantendo seus aparelhos de som em péssimas condições, o que não é bom, pois a audição é um dos cinco sentidos e a música exerce uma enorme influência no estado de espírito das pessoas. Também é oportuno lembrar que o repertório musical deve ser escolhido com muito cuidado, para proporcionar o resultado desejado.

BIBLIOTECÁRIO

Sua função é organizar e manter os livros e outros documentos em perfeito estado, para facilitar a consulta dos Irmãos.

Todas as Lojas na medida do possível deveriam possuir uma biblioteca voltada para assuntos maçônicos, com o intuito de aprimorar os conhecimentos dos Irmãos.

MESTRE DE BANQUETES

Cabe a ele organizar todos os eventos da Loja de acordo com o seguinte:

- Confraternização com os familiares;
- Confraternização com outras Lojas;
- Ágape Fraternal após os trabalhos;
- Banquetes Ritualísticos.

EX-VENERÁVEIS

Os Ex-Veneráveis, também chamados de Past-Master (mestre que passou), devem sempre estar à disposição do Venerável para ocupar qualquer cargo em Loja quando requisitado.

O último que ocupou o cargo de Venerável senta-se ao lado direito do Venerável atual, para orientá-lo no que for preciso.

Os Ex-Veneráveis também devem sempre estar à disposição dos Aprendizes, Companheiros e Mestres recentes, para orientá-los e tirar qualquer dúvida que possam ter.

TIPOS DE SESSÃO

As sessões das Lojas são: ordinárias, extraordinárias e magnas.

As sessões ordinárias realizam-se nos dias determinados pelos estatutos ou pelo plano de administração da Loja.

As sessões extraordinárias e magnas realizam-se quando regularmente convocadas, obedecendo ao tipo de sessão e sempre que haja necessidade de tratar assunto relevante ou inadiável.

As sessões extraordinárias serão convocadas pelo Venerável ou, na sua ausência, por seu substituto legal com sete Mestres Maçons do Quadro, com antecedência mínima de 48 horas. Nelas não é permitido tratar assuntos estranhos à convocação.

As sessões são classificadas da seguinte forma:

ORDINÁRIAS
De instrução
Administrativas
De eleições

EXTRAORDINÁRIAS
Para trabalho conjunto com outras Lojas.
Discussão de assuntos urgentes.
Realizadas fora do dia e da hora designados para os trabalhos normais da Loja por razões diversas.

MAGNAS
Iniciação, Elevação e Exaltação
Posse da Administração
Regularização, Filiação ou Reerguimento de Lojas
Fusão de Lojas
Sagração de Templo
Adoção de Lowtons
Reconhecimento conjugal
Pompas fúnebres
Palestras
Festividades Maçônicas
Lançamento de Pedra Fundamental

Deveres e Direitos dos Maçons

As Potências Maçônicas, por meio de suas Constituições e Regulamentos Gerais, estabelecem normas com a finalidade de orientar seus membros com relação aos seus direitos e suas obrigações.

Acredito ser importante divulgar esse assunto tanto para o leitor que não é maçom, a fim de que ele possa verificar que a Maçonaria não é uma organização que impõe deveres abusivos, quanto para os maçons, que normalmente se preocupam mais com a parte ritualística esquecendo-se que há direitos e obrigações.

DEVERES DOS MAÇONS

- Cumprir e fazer cumprir as leis e resoluções emanadas da autoridade maçônica competente;
- Instruir-se nos princípios e práticas maçônicas;
- Discutir assuntos maçônicos somente em lugares vedados a pessoas estranhas;
- Ser membro ativo da Loja a que estiver filiado e ser assíduo em seus trabalhos;
- Desempenhar cargos e participar de comissões que lhe forem confiados;

- Informar o que souber em desabono a candidatos à Iniciação, filiação e regularização;
- Estar em dia com a tesouraria e com todas as obrigações assumidas;
- Conhecer a Palavra Semestral;
- Manter sigilo sobre assuntos tratados nas sessões.

DIREITOS DOS MAÇONS

- Proteção de sua Loja, da Ordem e dos maçons em causas justas.
- Emitir livremente sua opinião, desde que não fira preceitos éticos e regulamentares da Ordem.
- Votar e ser votado, respeitadas as exigências legais.
- Apresentar à sua Loja, ou, por intermédio desta, à Potência Maçônica, qualquer projeto que julgar útil à Maçonaria.
- Assistir às sessões da Potência Maçônica e de qualquer Loja regular ressalvadas as restrições de grau.
- Pugnar por seus direitos, quando violados ou ameaçados, e exercer a mais ampla liberdade de defesa.
- Pedir a qualquer tempo o seu desligamento.
- Recorrer à Potência Maçônica de atos de sua Loja, ou por intermédio desta, de atos do Grão-Mestre.
- Pedir à Loja qualquer instrução ritualística de seu grau.
- Ter sua presença como efetiva em Loja quando estiver oficialmente a serviço da Potência Maçônica ou da Loja no dia da sessão desta.

- Solicitar licença por tempo determinado, ficando a critério da Loja ser dispensado das obrigações pecuniárias, menos as devidas ao Fundo de Pecúlio Maçônico.
- O membro de Loja adormecida ou dissolvida poderá solicitar à Potência Maçônica certidão desse fato e pedir filiação ou regularização em outra Loja.

O Prédio da Loja

Para que uma Loja possa funcionar é necessário que exista um local com instalações apropriadas. Na maioria dos casos, uma nova Loja aluga um local já ocupado por outras Lojas que tenham um dia da semana vago e coincida com o dia em que a Loja quer se reunir. Com o tempo, e de acordo com suas possibilidades, providencia a construção de um prédio próprio.

Existem dúvidas com relação aos termos Oficina, Loja e Templo, e para muitos os três representam a mesma coisa. Acredito que existem diferenças, embora a utilização dos três significando a mesma coisa não traga problema algum.

De acordo com vários autores, o termo Oficina tem sua origem nas construções anexas às obras dos Maçons Operativos, representando o local onde eles trabalhavam e se reuniram.

Loja é o conjunto de ambientes necessários ao desenvolvimento dos trabalhos, como: Sala dos Passos Perdidos, secretaria, átrio, sanitários etc.

Templo é o local que serve única e exclusivamente para a realização das sessões maçônicas, sendo considerado por muitos como um local sagrado.

A construção de uma Loja Maçônica deve obedecer a alguns critérios estabelecidos, principalmente no que se refere ao posicionamento do Templo, pois este deve ser formado por um quadrilongo onde, simbolicamente, seu comprimento seja do Oriente ao Ocidente, sua largura do Norte ao Sul, sua profundidade da superfície ao centro da Terra e sua altura da Terra ao Céu, simbolizando a universalidade da Maçonaria.

O Templo orienta-se do Oriente ao Ocidente ou de Leste a Oeste, ficando a porta de entrada no Oeste. Esse posicionamento tem por base várias tradições como, por exemplo, o Sol, que é a maior glória, nasce no Oriente e se oculta no Ocidente; a civilização e a ciência vieram do Oriente e espalharam suas benéficas influências no Ocidente; a doutrina do amor e da fraternidade ("amai-vos uns aos outros") e o exemplo do cumprimento da Lei vieram do Oriente trazidos pelo Divino Mestre.

Os primeiros locais destinados ao culto Divino obedeciam a mesma orientação e foram construídos no Egito antigo, de onde o egípcio e iniciado nos mistérios egípcios, Moisés, baseou-se para erigir no deserto o Tabernáculo. Mais tarde, essa orientação de Leste a Oeste serviu de modelo para a planta e posição do Templo de Jerusalém.

A Maçonaria, além de adotar as quatro direções do espaço representadas pelos pontos cardeais (Norte, Sul, Leste e Oeste), adota também a dimensão vertical zênite, nadir, formando o conjunto com a dimensão centro.

O ponto Norte é também chamado setentrional ou boreal.

O Sul, meridional ou austral.

O Leste, ou este, oriente ou nascente.

O Oeste, ocidente ou poente.

Zênite e nadir correspondem a um eixo do sistema horizontal de coordenadas utilizado principalmente em astronomia para medir a altura de um objeto em graus a partir do horizonte. A altura do zênite corresponde sempre a 90°.

Nadir é o ponto inferior da esfera celeste; segundo a perspectiva de um observador na superfície do planeta é o oposto ao zênite.

A maioria das crenças relativas à origem da vida e à morada dos deuses se articula em torno dos eixos cruzados em forma de cruz, que simbolizam o destino humano no qual o mundo saído do caos se organiza originando a evolução cíclica.

O eixo Norte-Sul simboliza as regiões das forças transcendentais; o eixo leste-Oeste é o da manifestação do Divino e do destino humano; e o eixo zênite-nadir simboliza a ascensão e o declínio.

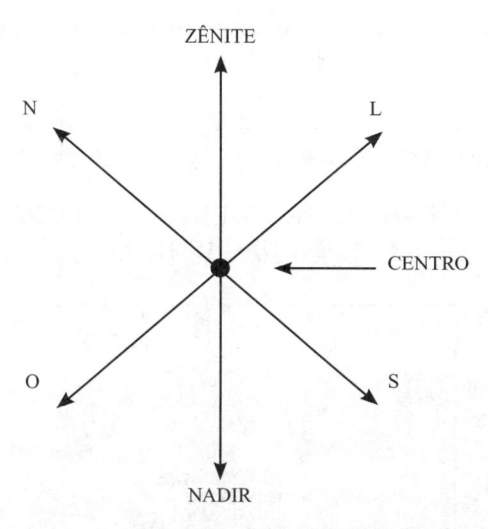

A reunião dos contrários formada pelo cruzamento das linhas estabelece um ponto denominado "centro", local onde o ser humano deve se encontrar, pois ele simboliza a origem e o destino, a criação e o fim de todas as coisas.

Na Maçonaria esse ponto se localiza no centro do Templo, onde se encontra o Altar dos Juramentos, com o Livro da Lei, o esquadro e o compasso.

Devemos levar em consideração que, principalmente em grandes cidades, se torna difícil e oneroso encontrar um local adequado para a construção de uma Loja Maçônica. Por esse motivo muitas Lojas são adaptadas em construções existentes por meio de reformas e, inclusive, encontramos Lojas funcionando em prédios de apartamentos – o que não desmerece de forma alguma a Loja, pois o importante é a intenção de reunir os Irmãos, e muitas dessas Lojas são decoradas de forma correta e com muito bom gosto.

Para as Lojas que podem construir suas instalações em um terreno apropriado, as Potências Maçônicas possuem em seus rituais especiais a cerimônia para lançamento de Pedra Fundamental de um Templo Maçônico, cerimônia realizada ao ar livre e em público.

Essa cerimônia deve ser presidida pelo Grão-Mestre ou a quem ele indicar, podendo contar com os familiares dos membros da Loja e seus convidados.

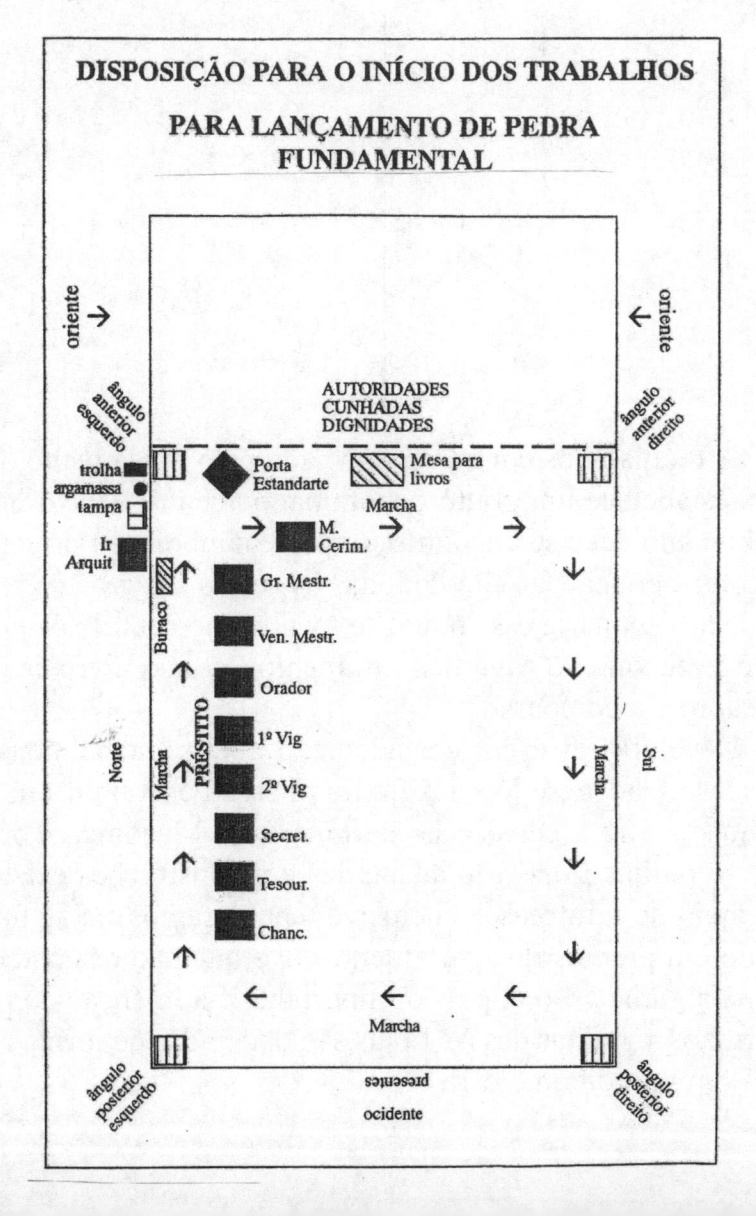

DISPOSIÇÃO PARA O INÍCIO DOS TRABALHOS PARA LANÇAMENTO DE PEDRA FUNDAMENTAL

As Lojas Maçônicas podem possuir vários ambientes, tais como: secretaria, biblioteca, cozinha, sanitários, etc., mas não podem deixar de ter a Sala dos Passos Perdidos, o Átrio, a Câmara de Reflexões e o Templo.

SALA DOS PASSOS PERDIDOS

É o local de recepção aos visitantes e onde os obreiros se reúnem antes e após os trabalhos. Nela devem estar o Livro de Presença dos Obreiros do Quadro e o Livro de Registro dos Visitantes. Esse ambiente deve ser decorado com quadros e peças relativas à Maçonaria, além de possuir mesa(s) e cadeiras para conforto de todos.

A denominação "Passos Perdidos" tem sua origem no fato de ser o lugar de recepção dos que vêm do mundo profano, sendo um local onde não existe ritualística e, dessa forma, quem se encontra nesse ambiente pode circular à vontade e seus passos acabam se perdendo, do mesmo modo, o burburinho da vida que veio de fora, tendo início a preparação para o mundo esotérico.

Existem vários autores que afirmam que a Sala dos Passos Perdidos teve sua origem do Parlamento britânico.

Algumas Lojas costumam realizar, após os trabalhos, o Ágape Fraternal na Sala dos Passos Perdidos.

CÂMARA DE REFLEXÕES

Também chamada de Quadro, Gabinete ou Cabine de Reflexões, é um ambiente que deve ficar escondido dentro da Loja, sendo considerado secreto e fúnebre, imitando uma gruta ou caverna sombria. Não deve receber luz exterior, sendo iluminado por uma pequena lâmpada ou uma vela.

Suas paredes são pintadas de preto e recebem emblemas macabros e sentenças morais, que fazem lembrar a vida e a morte.

O candidato à Iniciação deve ficar nesse ambiente antes de sua recepção para que possa, longe de tudo, meditar sobre si mesmo.

O local simboliza o centro da Terra de onde viemos e para onde teremos de voltar, mostrando que o homem deve morrer para o mundo profano para que possa renascer para uma nova vida. Essa prática tem como significado a purificação pelo elemento Terra e teve sua origem no Egito antigo, onde o iniciado era deixado sozinho em um ambiente rodeado de múmias, inscrições e emblemas fúnebres para que refletisse sobre seu futuro, pois caso não conseguisse sair vitorioso das provas a que seria submetido, perderia sua liberdade, permanecendo como escravo no Templo, não podendo mais voltar ao mundo profano.

O ÁTRIO

Fica entre a Sala dos Passos Perdidos e o Templo. É o local de permanência do Cobridor Externo e onde os maçons se preparam para entrar no Templo.

Algumas Lojas costumam realizar no Átrio uma corrente entre os Irmãos, em que estes se dão as mãos e um é designado para falar algumas palavras que induzam os demais a se desligarem dos assuntos profanos para poderem adentrar ao Templo.

Após essa pequena cerimônia, o Mestre de Cerimônias verifica se todos os presentes estão revestidos com suas insígnias e organiza uma fila dupla denominada "cortejo", em que os Aprendizes ficam do lado norte e os Companheiros do lado sul. Os mais recentes ficam sempre à frente. Em seguida, os Mestres e os Oficiais, cada qual ao lado de sua respectiva Coluna, depois os Mestres Instalados, Vigilantes e o Venerável. Por último autoridades Maçônicas, caso desejem dispensar as formalidades, entrando no início dos trabalhos.

O TEMPLO

O Templo é sem dúvida nenhuma o lugar de maior beleza e significado de uma Loja Maçônica.

Como a Maçonaria promove seus ensinamentos por meio de símbolos e alegorias, o Templo está repleto de conhecimentos espalhados por seu interior, onde cada objeto e cada detalhe possui um significado importante e profundo.

Quando falamos em Templo, temos de esclarecer que existem vários tipos de Templo Maçônico, cada qual correspondendo a um determinado Rito ou Grau. As diferenças são oriundas da ritualística utilizada, muito embora o conceito, a estrutura e a utilização sejam semelhantes. Na maioria dos casos as modificações se restringem a determinados aspectos da decoração interna, o que permite que determinado Templo seja utilizado por vários Ritos, com cerimônias em Graus diferentes, sem que isso prejudique o cerimonial e o aprendizado.

Em algumas situações, a colocação de alguns objetos no Templo é o suficiente para modificar o sentido ritualístico agregando novos significados, o que permite uma utilização mais ampla, satisfazendo as necessidades básicas de cada ritual, gerando uma grande economia financeira, pois um Templo tem um custo de construção elevado.

A maioria dos Templos Maçônicos funciona atendendo às necessidades de várias Lojas que se alternam nos dias da semana. Normalmente uma Loja constrói o Templo e aluga para as outras, o que constitui um solução boa para todas.

A maioria dos Templos é construída para atender às necessidades dos Ritos Simbólicos, mas devido a grande variedade de Graus Filosóficos e na impossibilidade de construir Templos para todos esses Graus, os Graus Filosóficos promovem modificações de fácil manuseio e acabam se adaptando de uma maneira muito criativa.

Algumas Potências Maçônicas têm construído vários tipos de Templo para atender a essas necessidades, o que é louvável. Mas infelizmente temos os casos de Templos que são adaptados em locais sem as mínimas condições, tanto no que se refere à comodidade dos participantes quanto em termos de ritualística. Muitos desses locais deixam a desejar, inclusive quanto à higiene, e suas decorações não condizem com o mínimo necessário para uma sessão maçônica.

Existem também as Lojas Gastronômicas cujos Templos são apertados e desconfortáveis, mas o refeitório é amplo e equipado. Geralmente suas sessões são rápidas e extremamente objetivas. O Ágape Fraternal, ou tradicional copo d'água, se transforma em um requintado banquete que não tem hora para terminar.

Esses tipos de Templo que acabei de descrever, felizmente são uma minoria, pois na maioria de minhas visitas encontrei Templos bem cuidados, tanto com relação à higiene e conforto quanto com a beleza da decoração interna.

Cabe por último destacar que em minhas visitas encontrei Templos magníficos e outros modestos, mas em todos eles sempre fui muito bem recebido desde os tempos de Aprendiz.

Para que possamos ter uma visão mais completa do assunto, a seguir vamos percorrer a História, para verificarmos como surgiram os Templos na humanidade e como surgiram os Templos Maçônicos. Antes, necessitamos saber o que é Templo.

O QUE É TEMPLO

Templo é a casa de Deus sobre a Terra, o lugar da presença do Criador, um reflexo do mundo Divino. Todo Templo situa-se no equilíbrio celeste, representado pelo centro do mundo, onde o espaço nasce deles e neles se resume.

Em todas as épocas e lugares a localização e orientação é um dos principais elementos na construção dos Templos e, na maioria dos casos, a planta primordial obedece a um modelo Divino.

A planta do Templo de Jerusalém foi revelada a Davi, a construção de Ankor-Vat ao próprio Indra e a Vishuakarma, o arquiteto celeste, o mosteiro de Chao-Lin por um gênio celeste denominado Ta-Tsuem-Chen. Além desses exemplos existem muitas outras crenças voltadas à influência Divina, envolvendo inúmeros Templos em todos os lugares da Terra.

O Templo é a representação da atividade celeste, e uma inscrição do Egito antigo nos relata que o Templo é como o Céu em todas as suas partes.

Segundo os métodos de construção hindus, a quadratura do Templo é obtida a partir do círculo traçado em torno de um quadrante solar, cuja sombra determina os eixos cardeais, formando a estrutura horizontal da Mandala, que é a representação do Cosmos; já os cristãos e muçulmanos representam em suas cúpulas a estrutura hierarquizada dos três mundos.

Para muitos o Universo é considerado como um Templo e alguns místicos consideram a alma humana como o Templo do Espírito Santo.

Além de o Templo representar o macrocosmo, ele também representa o microcosmo por intermédio do mundo e do homem, e em determinados casos, o corpo Divino, por exemplo, corpo de Cristo estendido sobre o formato de cruz das igrejas, cuja cúpula simboliza o coração (João 2:21) "Ele, porém, se referia ao santuário de seu corpo".

A caminhada do homem em direção ao Templo consiste em um símbolo de realização espiritual e em uma possibilidade de comunicação com a divindade. Existe também o Rito de circum-ambulação que os árabes praticam em torno da Caaba, em Meca, os budistas em torno da Stupa (Buda fez em torno da árvore de Bogu-Gaya), os hebreus em torno do altar, os bispos católicos em torno da igreja no ato de consagração, o padre em torno do altar que incensa e em inúmeros outros locais. A circum-ambulação é feita na maioria das vezes mantendo-se o lado direito voltado para o centro, o que corresponde ao sentido destrocêntrico, e pode ser realizada com várias voltas, de acordo com a ritualística utilizada.

Na Maçonaria, o Terceiro Grau mostra-nos a lenda de Hiram e a construção do Templo de Salomão descrito na Bíblia, envolvendo um grande simbolismo em torno do tema. O Templo é considerado uma imagem simbólica do homem e do mundo em que, para ser ter acesso ao Templo Celeste, é necessário construir um Templo interior.

A orientação do Templo tendo a entrada no Ocidente e o trono do Venerável no Oriente, a exemplo dos Templos egípcios e das catedrais, simboliza o caminho em direção à luz, que nasce no Oriente e termina no Ocidente, renovando diariamente o mito solar.

O Templo é o lugar sagrado e simbólico e seu comprimento vai do Ocidente ao Oriente, sua largura do norte ao sul e sua altura do nadir ao zênite, pois como ele simboliza o Cosmos, as dimensões dele não podem ser definidas.

Seu teto tem a forma de uma abóbada estrelada como nos Templos egípcios, com sua pluralidade de estrelas, e no fundo do templo, no oriente, por detrás do trono do Venerável, temos o Delta Luminoso com o olho da Divindade (o que tudo vê).

O Templo, além de todas as representações religiosas e atributos simbólicos, é o que cada um acredita que seja, pois permanece à disposição da fé.

A Origem e Evolução dos Templos

Templo é um edifício consagrado a um culto religioso ou local onde é pedida a proteção divina (caso da Maçonaria e outras entidades semelhantes). É considerado um local sagrado, pois reúne obreiros que em nome do Divino ou sob Sua proteção celebram cerimônias ritualísticas.

Para termos uma melhor visão da origem dos Templos e sua evolução, torna-se necessário uma viagem pelo tempo, vislumbrando o desenvolvimento humano e as origens das religiões.

Segundo estudos, a Terra tem aproximadamente de 4 a 5 bilhões de anos, e a vida, de 2 a 3 bilhões de anos.

A partir dos seres unicelulares teve início uma evolução que resultou no aparecimento do ser humano.

O primeiro acontecimento importante na evolução humana foi a postura vertical. Por causa dessa postura, o espaço se ampliou em quatro direções horizontais, partindo de um eixo central, o que possibilitou a exploração do mundo.

Outro fato importante foi o uso de ferramentas e até de ferramentas que produziam outras ferramentas.

Mas talvez o fator mais importante tenha sido o domínio do fogo, que possibilitou aos Prominídeos comer carne, pois até então os seres humanos viviam da coleta de frutos, raízes, moluscos, etc.

Podemos presumir que a atividade do inconsciente por meio de sonhos, fantasias e visões propiciaram novas concepções de vida, como devemos também considerar que a experiência do sagrado se tornou um elemento importante na estrutura da consciência.

A maioria dos estudiosos acredita que os homens pré-históricos possuíam uma religião, mas que ainda não é possível determinar o seu conteúdo, embora as ferramentas e principalmente as armas tenham sido agregadas de certa sacralidade, inspirando inúmeros acontecimentos mitológicos.

O desenvolvimento por meio da postura, o controle do fogo e o aparecimento de ferramentas aumentaram a possibilidade de sobrevivência e o desenvolvimento, alimentando a imaginação criadora, o que sem dúvida deve ter produzido uma enorme quantidade de valores mítico-religiosos.

O domínio da distância proporcionado pelas armas projéteis alimentou uma enorme quantidade de crenças, mitos e lendas. As lanças e as flechas permitiram à imaginação voar através das nuvens, atingindo o Céu ou os demônios.

A crença em uma vida após a morte parece ser uma ideia primitiva, pois o sepultamento dos mortos de forma ritualística pode significar a crença em uma imortalidade espiritual ou em uma pós-existência da alma em virtude da aparição dos mortos nos sonhos. Também foi encontrada em várias sepulturas a esperança em um renascimento por causa da posição fetal dos cadáveres.

Determinadas sepulturas confirmam a crença na imortalidade por meio de vestígios como: sepulturas orientadas para Leste, acompanhando o curso do Sol, oferendas de objetos, adornos e alimentos necessários a uma vida futura.

Talvez o fato mais importante sobre a origem dos Templos sejam as pinturas rupestres encontradas longe das entradas das cavernas, o que transforma as grutas em uma espécie de santuário, pois não existem nelas vestígios de habitação, e as dificuldades de acesso eram grandes. Em alguns casos era necessário descer por uma escada ou cordas para estar diante das pinturas. Alguns pesquisadores acreditam que essas pinturas faziam parte de rituais secretos destinados à iniciação de adolecentes por meio de danças circulares, cujas pegadas ficaram conservadas no solo argiloso das grutas.

Na verdade, determinar como surgiram as religiões é algo muito difícil em razão da falta de informações ou provas, lembrando que o desenvolvimento humano ocorreu em regiões diferentes – e ainda temos em nossa época povos vivendo em condições primitivas.

Acredito que o surgimento das religiões se deu por meio de pessoas mais velhas dessas comunidades que pela maior experiência de vida passaram a encontrar respostas aos temores originados pelo total desconhecimento da vida e pelo medo dos fenômenos da Natureza.

Por essa razão surgiram mitos cosmogônicos que misturavam elementos da Natureza com a figura de um criador antropomorfo ou com a forma de animal aquático que de alguma maneira criava o mundo. Também surgiram mitos de origem relativos ao homem, à caça, à morte, etc., além de lendas ligadas à ascensão ao Céu por meio do arco-íris ou plumas de aves. Esses mitos se relacionam com as experiências oníricas específicas do xamanismo de que faz parte as duas religiões consideradas primordiais do mundo: o Totemismo e o Animismo.

A descoberta da agricultura, considerada uma longa revolução envolvendo o período mesolítico e neolítico, fez com que pequenos grupos se instalassem em regiões propícias à agricultura, dando origem às primeiras comunidades.

No início do desenvolvimento religioso, o ser humano utilizava o alto das montanhas, as clareiras dos bosques e outros locais de refúgio para se comunicar com as divindades.

Como o desenvolvimento dos povos não foi igual, os grupos que se dedicavam à agricultura passaram a ser ameaçados por nômades e tiveram de se organizar, utilizando os caçadores como soldados protetores. As atividades religiosas se concentravam dentro das comunidades, surgindo locais destinados exclusivamente ao culto religioso. Esses locais passaram a ser protegidos para que o acesso ficasse restrito para as épocas de culto ou comemorações, pois eram considerados sagrados.

O culto solar fez surgir o primeiro altar onde o fogo era utilizado no meio dele, dentro de um círculo. Esse local era sagrado e nele se reuniam todos os habitantes para realizar suas preces e levar suas oferendas.

Surgiram muros protegendo o lugar sagrado que era descoberto para que de seu interior fosse possível ver o Céu, que era a morada dos deuses, pois muitas religiões primitivas consideravam os astros visíveis no firmamento como deuses, e as condições atmosféricas, manifestações da Divindade.

Com o fortalecimento da classe religiosa, os locais destinados aos cultos foram se tornando mais complexos, havendo a necessidade de obras mais elaboradas, pois segundo as tradições, as divindades passaram a habitar esses locais que se transformaram em moradas dos deuses.

Acredita-se que os primeiros Templos surgiram na Mesopotâmia, habitada pelos sumerianos por volta do quinto milênio antes de Cristo.

Os primitivos Templos mesopotâmicos eram muito simples, feitos de tijolos, sem teto, e a estátua do deus ficava na parede do fundo. As construções foram se aprimorando e, na época dos babilônicos, surgiram os Templos em forma de zigurate ou pirâmides terraplanadas, com vários andares construídos uns sobre os outros em que cada andar superior possuía uma plataforma menor que a do andar inferior e o número variava de dois a sete, possuindo formatos ovais, quadrados ou retangulares.

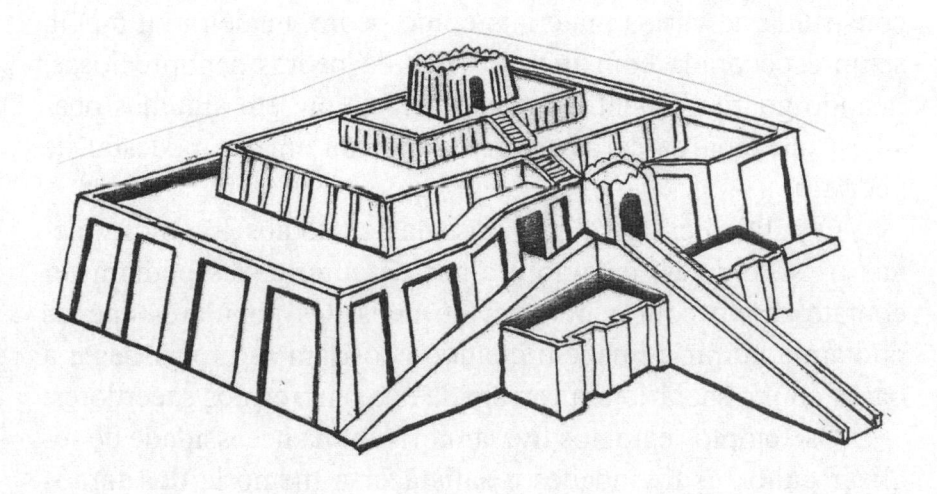

Ao que tudo indica, a função dos zigurates era a de elevar o Templo mais próximo aos céus, e o exemplo mais significativo é o de Malduk ou Torre de Babel.

O acesso ao Templo era feito por uma série de rampas construídas no flanco da construção ou por rampas espiraladas que se elevavam desde a base até o cume do edifício.

Embora exista a interpretação de que essas construções serviam como lugar de cerimônias públicas, na verdade eram consideradas como morada dos deuses, razão pela qual cada cidade adorava seu próprio deus ou deusa e somente aos sacerdotes era permitida a entrada, sendo responsabilidade deles cuidar da adoração, fazendo com que os deuses atendessem às necessidades da comunidade.

O Templo de Marduk (Torre de Babel) era denominado de *Etemenanki*, palavra suméria que significa "fundação do Céu e da Terra". Provavelmente foi construído na época da Hammurabi, tendo sido destruído pelo rei assírio Senaqueribe e refeito por Nabopolassar e seu filho Nabucodonosor.

Para os egípcios o Templo era a morada do deus ou a casa do deus, lugar onde ele vivia incorporado à estátua de culto localizada no santuário. A estátua da divindade podia ser construída de vários materiais como pedra, madeira ou metal, sempre decorada com incrustações de pedras semipreciosas, ficando guardada dentro de um sacrário ou, em algumas ocasiões, em uma barca de madeira apoiada em um pedestal de pedra.

O público em geral não possuía acesso aos Templos, apenas os sacerdotes, o faraó e algumas autoridades podiam ter contato direto com a imagem do deus. Os populares apenas podiam admirar a imagem quando ocorriam as procissões e a barca com o sacrário era carregada nos ombros dos sacerdotes.

Os Templos egípcios tiveram origem na necessidade de realizar cultos às divindades e satisfazer a memória dos faraós falecidos por meio de cultos, para que eles tivessem uma vida além-túmulo.

Geralmente os Templos eram acessados por uma avenida ladeada de esfinges, formando um símbolo de proteção. Antes da entrada eram erguidos dois obeliscos de pedra em forma de agulha. Na entrada eram colocadas duas estátuas do faraó seguidas de duas torres altas com paredes inclinadas denominadas pelos egiptólogos de "pilonos". Após a entrada existia um pátio aberto, cercado de colunas, cuja decoração era inspirada em motivos vegetais, com feixes de papiros ou flores de lótus que ornamentavam os capitéis. Em seguida, vinha uma área coberta denominada pelos egiptólogos de "hipóstila", que dava acesso ao santuário principal do Templo onde era guardada a imagem da divindade. Ao redor desse santuário existiam capelas de outras divindades relacionadas ao deus principal ou depósitos de utensílios sagrados.

Além do lugar de culto, os Templos possuíam outras instalações anexas reservadas às moradas de sacerdotes, oficinas, escritórios dos escribas e funcionários, celeiros, etc. Havia também um lago sagrado utilizado em rituais. Todas as instalações eram cercadas por uma muralha, formando uma pequena cidade na qual viviam um grande número de pessoas. Fora da muralha existiam áreas agrícolas onde camponeses e pastores trabalhavam para produzir os alimentos necessários para garantir a sobrevivência de todo o pessoal.

O culto tinha como base a doação de oferendas alimentares, que depois de consagradas nos altares eram distribuídas aos colaboradores, obedecendo a uma ordem hierárquica desde o sumo sacerdote até o mais humilde trabalhador por meio de um processo denominado "reversão das oferendas". Também parte das conquistas militares era consagrada à divindade e o clero podia usufluir de parte dos tributos arrecadados das áreas subjugadas.

O culto diário nos Templos egípcios obedecia a um ritual muito simples. Cabia ao faraó oficializar todos os rituais, mas como não poderia estar em todos os Templos ao mesmo tempo, era substituído por um sacerdote do alto escalão.

O ritual tinha como início o oficiante se banhar nas águas do lago sagrado para se purificar. Depois, sozinho, dirigia-se até o santuário do Templo, abria o sacrário e retirava a imagem da divindade, que era lavada, perfumada e vestida, sendo-lhe ofertadas flores e oferendas alimentares, e em todas as etapas eram recitados hinos e orações, acompanhados da queima de incenso. Após o término das oferendas, o oficiante recolocava a imagem no relicário e se retirava do santuário, limpando as pegadas que tivesse deixado.

Os Templos egípcios influenciaram o lendário Templo de Jerusalém, pois Moisés foi iniciado nos mistérios do Egito e Salomão era casado com uma princesa egípcia.

No Hinduísmo, o Templo está relacionado com a vida social e espiritual da comunidade a que serve, representando uma construção, um ritual e uma meta. Sendo a casa de deus, os sacerdotes-arquitetos devem estudar seu posicionamento, orientação e circunstâncias temporais da sua construção. Até sua fundação obedece a um ritual que envolve o estudo do espaço e a configuração dos céus na escolha do local e da data em que a primeira pedra é colocada.

A construção de um Templo hindu obedece a vários preceitos ritualísticos em que as estrelas são consultadas por um astrólogo e o lugar inspecionado por um sacerdote experiente que verifica a influência benéfica ou maléfica do terreno, incluindo a natureza do subsolo, nível de umidade, drenagem do solo e outras características consideradas importantes, visando ao equilíbrio entre os três elementos da Natureza: rocha, água e verde – que simbolicamente significam estabilidade, peregrinação e vida.

O Templo hindu é o local onde o Rito sagrado é celebrado de forma individual e coletiva. Individualmente, o ritual tem início quando o devoto começa a jornada em direção ao Templo, cujo objetivo é vê-lo para que possa funcionar como um símbolo. Desta forma o Peregrino inicia sua jornada olhando para o ponto mais alto da construção, símbolo do encontro do divino com o humano, local entre o não manifesto e o manifesto, do material para o sem-forma, do tempo para a eternidade.

Coletivamente, o Templo é um local onde são praticados diversos rituais em várias horas do dia para criar a experiência de confraternização entre os devotos.

A parte central do Templo que contém a estátua ou símbolo da divindade (Garbhagriha) normalmente é quadrada, onde se ergue uma torre de forma piramidal que simboliza o Monte Meru, a morada dos deuses, sendo o local mais sagrado onde os brâmanes realizam seus rituais.

Os Templos hindus não possuem em sua maioria grandes espaços internos e suas construções diferem das igrejas e catedrais do Ocidente, que são projetadas para acomodar multidões de fiéis em cerimônias coletivas. Nos santuários hindus, a principal preocupação é acomodar a estátua ou emblema sacro da Divindade já que, em sua maioria, não possuem grandes espaços internos. Eles são construídos de acordo com a imagem simbólica do mundo baseado nas Mandalas, que são sistemas gráficos elaborados por formas circulares e quadradas que formam diagramas simbólicos representando o Universo em sua evolução cósmica.

Na cosmologia hindu, o círculo representa a Terra e a natureza irracional e o quadrado, o Céu e a ordem cósmica, de onde o quadrado é a melhor forma para habitação dos deuses dentro dos Templos.

O rei Salomão iniciou a construção do Templo de Jerusalém no quarto ano de seu reinado, de acordo com o projeto arquitetônico transmitido por Davi, seu pai (I Reis 6:1). O trabalho teve a duração de sete anos (I Reis 6:37, 38) e a descrição dos trabalhos se encontra detalhada na Bíblia, em I Reis.

O Templo tinha um formato similar ao Tabernáculo erigido por Moisés no deserto. As diferenças encontravam-se nas dimensões internas do Templo, que eram maiores, e no acabamento e decoração internos.

Os materiais utilizados foram pedra e madeira. Os pisos foram revestidos de cipreste e as paredes internas eram de cedro entalhado com gravuras de Querubins, flores e palmeiras com muito ouro em sua decoração.

Após o término da construção, a Arca da Aliança foi depositada no Santo dos Santos, que era o objetivo da construção do Templo.

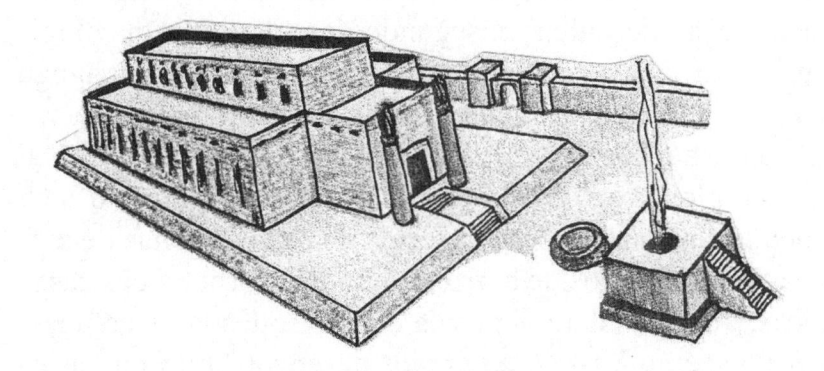

O Templo foi destruído por Nabucodonosor II, rei da Babilônia, em 586 a.C. e seus tesouros foram levados, iniciando o período denominado "exílio" ou "cativeiro na Babilônia".

Em 516 a.C., após o regresso do cativeiro, foi iniciado no mesmo local o segundo Templo que foi destruído pelo imperador assírio Antioco Epifanes. O rei Herodes reconstruiu o Templo em 4 d.C., mas este também foi destruído pelo general Tito em 70 d.C., restando o Muro das Lamentações utilizado atualmente pelos judeus ortodoxos como local de orações. Muitos autores afirmam que este último Templo não foi construído no mesmo local dos anteriores, cuja localização permanece oculta.

Além do Templo de Jerusalém, os judeus desenvolveram construções denominadas "sinagogas" que se origina de *sunagoge*, significando "ajuntamento de povo", e, na língua hebraica, *Beit Knésset*, ou "casa da assembleia", ou Beit Tefila "casa de oração".

As sinagogas são construções desprovidas de imagens religiosas ou peças de altar, tendo como objeto central a Arca da Aliança.

A origem das sinagogas é obscura, existindo a crença de que essas construções surgiram no tempo do cativeiro em Babilônia, sob a liderança de Esdras, por estarem fora de seu país e não possuírem o Templo de Jerusalém.

Atualmente as sinagogas existem em vários países onde há concentração de judeus e, segundo descobertas arqueológicas, a primeira sinagoga construída nas Américas foi a sinagoga *Kahal Zur Israel*, em 1637, cujas ruínas se encontram preservadas na cidade de Recife.

Os Templos gregos surgiram por volta do século VII a.C. Eram pequenas construções em forma de cabana, feitas de madeira, cascalho e tijolos de barro, seguindo o formato das casas micênicas, que possuíam uma sala central rodeada de colunas. A partir do século VI a.C. os gregos desenvolveram um sistema denominado "Trilito", que era formado por dois pilares de apoio e um elemento horizontal de fecho.

A arte grega está voltada à inteligência, pois os seus reis não eram considerados deuses, mas seres justos que se dedicavam ao bem-estar do povo e da democracia. A busca pela perfeição era o principal objetivo da arquitetura em que na elaboração intelectual predominavam o ritmo, o equilíbrio e a Harmonia voltados para o homem, que era a medida de todas as coisas.

As formas variavam pouco entre as regiões e os Templos eram construídos com linhas retas, em formatos retangulares, não possuindo arcos nem abóbadas, que eram substituídos por contrastes entre a luz e a sombra formadas nas superfícies horizontais e verticais.

A característica principal dos Templos gregos é a simetria entre o pórtico da entrada e o dos fundos. A construção era feita sobre uma base de três degraus, sendo o último denominado "estilóbata". As colunas existiam no pórtico, na extremidade oposta ou em todos os seus lados, sustentadas por um entablamento horizontal formado por três partes: a arquitrave, o friso e a cornija, e tanto o entablamento quanto as colunas obedeciam aos modelos das ordens dórica, jônica e coríntia.

O núcleo dos Templos era uma área fechada, formada por uma ou mais salas onde era colocada a estátua do deus. Como as cerimônias eram normalmente realizadas ao ar livre, existia uma preocupação maior com o aspecto exterior do que com o interior, reservado aos sacerdotes.

Esse esquema de construção serviu de modelo para praticamente todo o território grego, variando em função do sistema formal adotado (ordens dórica, jônica e coríntia). A ordem dórica era a mais simples e maciça, em que o fuste da coluna era monolítico e grosso e o capitel lembrava uma almofada de pedra. Ela é a mais antiga das ordens arquitetônicas gregas e, por causa da simplicidade dela e robustez, transmite uma ideia de solidez e imponência.

A ordem jônica é mais graciosa e suas colunas apresentam um fuste mais delgado que não se firma diretamente sobre a estilóbata, mas sobre uma base decorada. O capitel possuía duas espirais unidas por curvas traduzindo uma forma feminina.

Na ordem coríntia o capitel possuía o formato de um sino invertido, decorado com folhas de acanto e quatro espirais simétricas, sugerindo luxo e ostentação.

Os Templos gregos influenciaram a maioria das culturas posteriores. Os Templos construídos na Acrópole de Atenas representam o apogeu da arquitetura grega, dos quais se destaca o Parténon, considerado o mais importante Templo dórico da Grécia.

Os Templos etruscos em sua origem eram fabricados de madeira e barro cozido. Como as construções foram feitas com materiais perecíveis existem poucas referências às técnicas utilizadas.

A maioria das informações provém dos textos de Vitrúvio e documentos da época romana, que indicam ter sido estabelecida uma nova ordem arquitetônica denominada "toscana".

Os Templos etruscos geralmente se encontravam fora das cidades, em lugares elevados, sendo grandes edifícios de formato quase quadrado. Essas construções eram para ser vistas de frente, único lugar de acesso, e possuíam duas partes distintas: o pórtico frontal e a parte posterior. O pórtico frontal com oito colunas dispostas em duas filas de quatro. Às vezes possuíam colunas nas laterais, mas nunca na parte anterior. A parte posterior possuía uma cela ou em alguns casos três celas dedicadas a uma tríade de deuses, não existindo o pórtico anterior.

Os Templos etruscos permaneceram sempre iguais ao longo dos séculos, talvez pelo fato de os etruscos não considerarem os Templos como a morada da Divindade na Terra, mas apenas um lugar para rezar aos deuses.

Os Templos romanos resultaram de uma combinação das arquiteturas grega e etrusca. A planta possuía forma retangular com teto de duas águas, um vestíbulo profundo com colunas livres e uma escada na fachada, que dava acesso.

Os romanos mantiveram as tradicionais ordens gregas (dórica, jônica e coríntia) e introduziram mais duas: a toscana e a composta.

A toscana é uma espécie de ordem semelhante à dórica, sem estrias no fuste. A composta possui um capitel criado a partir de uma mistura de elementos coríntios e jônicos.

Os romanos evoluíram suas técnicas de construção e descobriram um mineral que, convertido em pó e misturado à cal, produzia um produto com características semelhantes ao cimento, o que facilitou a construção de muros e o preenchimento das arestas.

Nos Templos romanos as laterais tinham pouca importância e a parte posterior quase nenhuma. Para eles o importante era a parte frontal, onde uma grande escada de acesso combinando com a fachada alta confere ao conjunto um aspecto majestoso.

A pedra era o material normalmente utilizado, mas é possível encontrar Templos construídos com tijolos revestidos de placas de mármore.

Os Templos romanos eram considerados a residência do deus, e sua função não era abrigar os fiéis para realizarem suas orações e sacrifícios Por essa razão, o altar era normalmente ante o edifício que não tinha a capacidade de acolher muita gente, pois não era destinado à celebração litúrgica.

De acordo com crenças islâmicas, a primeira mesquita do mundo se denomina "Masjio Al-Haram", ou "Mesquita Sagrada", localizada em torno da kaaba, em Meca, na Arábia Saudita. Segundo outras crenças, a primeira mesquita foi a Mesquita de

Quba, em Medina, construída pelo profeta Muhammad, que estabeleceu na mesma época e na mesma cidade outra mesquita conhecida como Masjid Al-Nabawi ou Mesquita do Profeta.

Atualmente o Masjid Al-Haram, em Meca, o Masjid Al Nabawi, em Medina e a Mesquita de Al Aqsa, em Jerusalém, são os três locais sagrados do Islã.

As primeiras mesquitas eram construções simples, de formato quadrado ou retangular, sustentadas por colunas em que existia um grande pátio interior com fontes e o espaço para a oração dividido em três naves.

A partir do século XI surgiu outro tipo de mesquita com uma entrada única que dava em um pátio central em cujos lados se encontravam salas abobadadas.

Nos séculos XV e XVI, os otomanos construíram mesquitas com uma grande cúpula central, acima da sala de orações, surgindo também quatro minaretes esguios.

Os minaretes são torres altas e delgadas situadas geralmente nos cantos das mesquitas. Acredita-se que a construção dos minaretes foi influência das torres das igrejas cristãs, para serem utilizadas com a mesma finalidade de chamar os crentes à oração.

As cúpulas simbolizam o Universo visto por Deus. Elas aumentaram de tamanho ao longo do tempo e passaram a ocupar todo o teto por cima do salão das orações.

O salão das orações não possui mobiliário nem figuras religiosas, pois os muçulmanos acreditam que os crentes devem concentrar a sua atenção em Deus.

Do lado oposto à entrada do salão das orações encontra-se um muro denominado "Qibla", construído de forma a ficar perpendicular à cidade de Meca. Dessa forma, os crentes rezam em filas paralelas ao muro, ficando voltados para Meca.

A arquitetura medieval vai do estilo bizantino ao estilo gótico, influenciada pelo crescimento das cidades, criação de feudos e ascensão da Igreja Católica, que passou a deter o capital para desenvolver grandes obras arquitetônicas.

Esse período se caracteriza pelo desenvolvimento da tecnologia de construção das catedrais, cujo conhecimento estava sob o controle das corporações de ofícios, que deram origem à Maçonaria Operativa.

A construção de catedrais era o principal objetivo construtivo da época e envolvia toda a comunidade ao redor.

A cristandade proporcionou uma nova visão do mundo, em que a vontade humana buscava e obedecia aos desígnios divinos.

No início, devido às limitações técnicas, o espaço arquitetônico se concentrava no centro. Com o desenvolvimento da arquitetura gótica, o objetivo era alcançar os Céus pela perspectiva para o alto.

Mas não foram construídas apenas catedrais. Estas se destacavam por causa do tamanho e da beleza delas. Outras obras tiveram importância, e os Templos Católicos passaram a ser classificados de acordo com suas características obedecendo ao seguinte critério:

CAPELA – Templo católico de características modestas, que possui um único altar onde o padre exerce suas funções de forma itinerante para atender a uma pequena comunidade, estando subordinada a uma determinada paróquia

IGREJA – Também denominada "paróquia", é um Templo onde o vigário ou pároco exerce sua autoridade religiosa aos fiéis que estão sob sua jurisdição eclesiástica.

SANTUÁRIO – É uma igreja ou paróquia que contém relíquias de um padroeiro, geralmente da cidade ou região, sendo um lugar onde os devotos realizam peregrinações em busca de graças ou para agradecer pelas graças recebidas.

BASÍLICA – Igreja de grande porte que geralmente possui relíquias de santos e exerce grande influência espiritual sobre religiosos e leigos de uma jurisdição eclesiástica. É o caso da Basílica de São Pedro, que além de reunir essas características, abriga o Papa que, como chefe da Igreja Católica, exerce pleno poder sobre todo o mundo católico.

CATEDRAL – É a igreja episcopal dirigida pelo Bispo que comanda os párocos das igrejas de sua diocese, repassando as diretrizes firmadas pelo Papa.

O termo "catedral" vem do latim *ecclesia cathedralis* e foi utilizado pela primeira vez no Consílio de Tarragona, em 516. Outro termo era *ecclesia mater*, ou, igreja-mãe, correspondendo à mãe da diocese.

Também encontramos *ecclesia major*, ou "igreja-mor", e *domus dei* por ser considerada a casa principal de Deus na região. Na língua portuguesa existe o termo "sé catedral" ou apenas "sé", que deriva da palavra "sede".

A catedral não é necessariamente o maior e o mais imponente Templo de uma diocese, mas é o local onde os bispos são sepultados, sendo esta a condição para que uma igreja seja designada catedral.

A ARQUITETURA DAS CATEDRAIS

De acordo com a maioria dos autores maçônicos, os construtores de catedrais deram origem à Maçonaria Operativa por meio das Corporações de ofício que detinham o conhecimento técnico necessário para edificar as grandes catedrais. Por essa razão, acredito ser importante conhecer a arquitetura das catedrais que continuam maravilhando os visitantes através dos tempos.

NÁRTEX

O termo arquitetônico "nártex" refere-se à zona de entrada de um Templo, também chamada de pronaos, átrio, vestíbulo, galilé e paraíso.

Sua utilização inicial ocorreu na Grécia antiga onde se denominava de pronaos, uma antecâmara que no Templo grego antecedia o *nãos*, que era o espaço reservado à Divindade. Essa área geralmente ficava separada do edifício por meio de cercas e se relacionava com o culto dos mortos. Nas primeiras igrejas cristãs, correspondia à área de entrada do ocidente (oeste), onde os penitentes, pecadores, catecúmenos e loucos permaneciam enquanto não eram admitidos a adentrarem ao Templo.

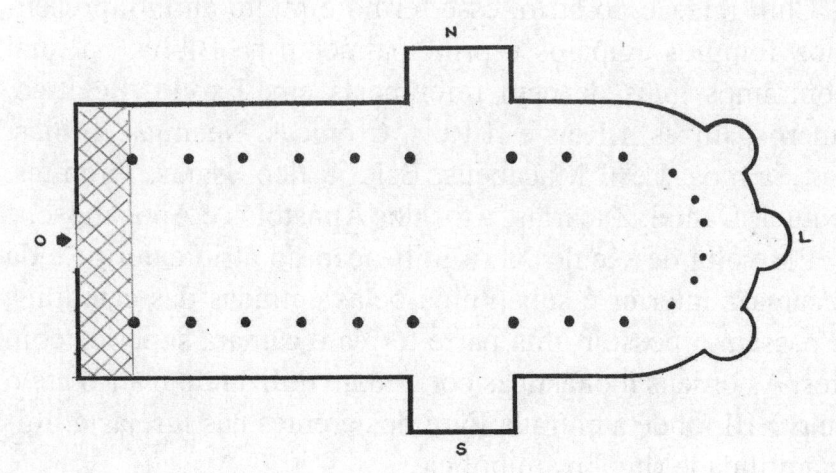

Na época bizantina corresponde a uma área retangular, denominada "litai", da mesma largura da nave principal, ligada a leste por arcos ou portas onde se costumava benzer os corpos antes de os conduzirem para o interior do Templo.

De acordo com sua forma e localização pode ser denominado de "exo-martex" ou "endo-nártex". A denominação exo-nártex é utilizada quando se situa no exterior do edifício, constituído por um átrio aberto por meio de colunas ou arcos que se situam à frente da edificação principal, podendo ser utilizado para outros acontecimentos públicos, como julgamentos e enterros. Já a denominação "endo-nártex", também chamada de "exo-nártex", era utilizada quando se situava no interior do edifício, correspondendo a um espaço estreito e transversal à nave.

A denominação "galilé" corresponde a uma grande antecâmara localizada na entrada do Templo. Esse termo tem origem na referência bíblica, quando Cristo, após a ressurreição, guiou os discípulos a caminho da Galileia.

O termo paraíso se refere ao Éden, jardim do paraíso, correspondendo a um átrio aberto, à entrada de um Templo, podendo ser encontrado em edifícios que abrigam ordens monásticas.

Com relação ao átrio, esse termo é muito antigo, presente nos Templos egípcios e principalmente na Bíblia, na qual encontramos mais de cem referências em: Êxodo, Levítico, Números, Juízes, I Reis e II Reis, Crônicas, Neemias, Tobias, Ester, Salmos, I e II Macabeus, Eclesiástico, Isaías, Jeremias, Ezequiel, Daniel, Zacarias, Atos dos Apóstolos e Apocalipse.

Por volta de século XI, a utilização do átrio exterior e da antecâmara interior é substituída pelas entradas das catedrais, que passam a possuir uma parte térrea e câmara superior com torres. As ordens monásticas continuam utilizando o átrio até o século XIII, onde a entrada livre dos crentes nas igrejas eliminou a utilidade ritual e simbólica.

NAVE

Esse termo arquitetônico é originário do latim *navis* e do grego *nãos* e se refere ao espaço central de um Templo, onde se localizam os fiéis para assistirem ao serviço religioso.

Os Templos egípcios já possuíam uma grande área central, com passagens laterais, que foram mantidas por muito tempo pelas basílicas romanas até o período romântico da Idade Média, quando as transformações arquitetônicas transformaram as naves em monumentais espaços, principalmente nas catedrais góticas.

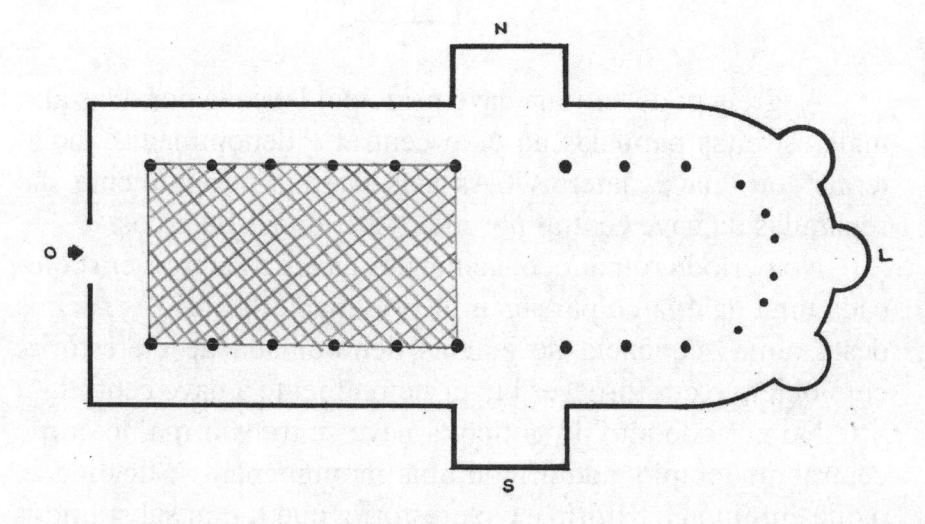

Em geral, a nave corresponde ao eixo ocidental da igreja, indo do átrio da entrada principal (nártex) ao coro, onde os clérigos realizam suas celebrações. No caso de existir um transepto originado por um eixo no sentido norte-sul, que cruza a nave formando uma planta em cruz, a nave vai até o cruzeiro local de intersecção dos dois eixos.

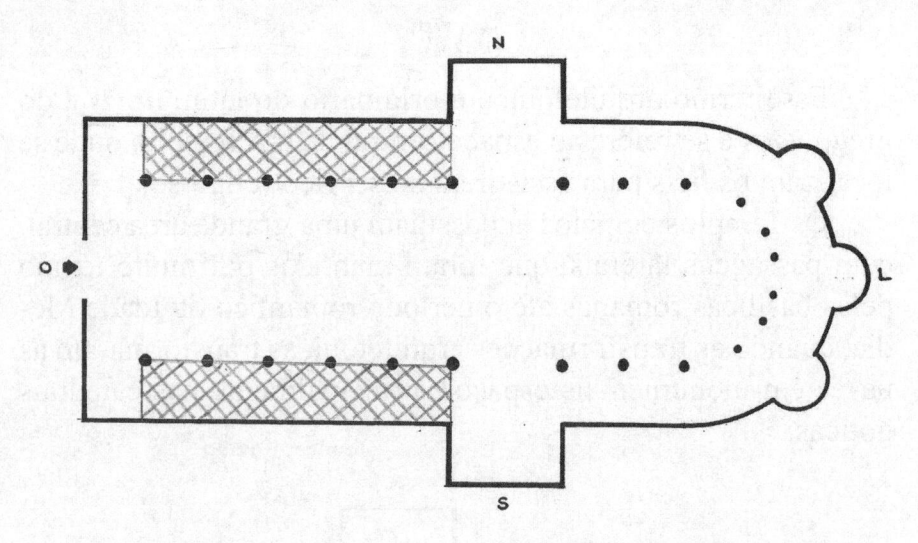

A igreja pode ter uma nave principal ladeada por duas alas mais estreitas paralelas ao eixo central e denominadas "colaterais" ou "naves laterais". As alas laterais normalmente são separadas da nave central por meio de colunas ou arcos.

No período romântico, acima das naves colaterais era colocada uma galeria de passagem denominada "trifório" e, acima desta, uma sequência de janelas denominada de clerestório, cujo objetivo era fornecer luz principalmente à nave central.

No período alto do gótico, a nave se transforma no corpo central do Templo, adquirindo uma monumental verticalidade, o que eliminou o trifório e o clerestório, que foram substituídos por enormes vitrais onde a luz era filtrada por magníficos mosaicos de cores.

TRANSEPTO

É a parte de um edifício de uma ou mais naves, que cruza perpendicularmente de norte a sul o seu corpo principal, perto do coro, produzindo uma planta em cruz.

CRUZEIRO

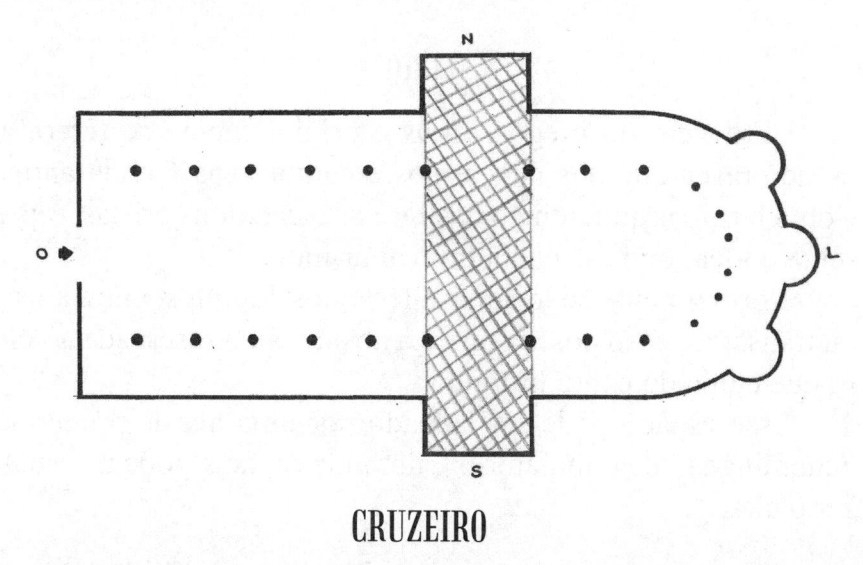

Cruzeiro é o espaço que se encontra na interseção da nave central com o transepto nas igrejas ou catedrais cristãs que possuem uma planta em forma de cruz. Nos Templos onde não existe o transepto, o cruzeiro é o espaço entre a nave e o altar-mor.

Nas catedrais, de estilo gótico principalmente, o cruzeiro proporciona acesso: a oeste, à nave, a norte; ao braço norte do transepto, ao sul ao braço sul do transepto; e a leste, ao coro.

Na parte exterior do Templo, há geralmente uma torre com vitrais ou uma cúpula.

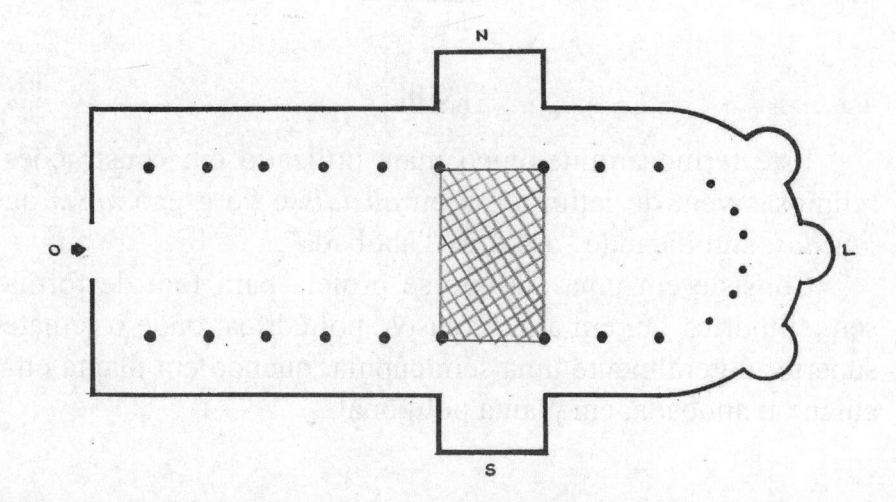

CORO

Coro vem do grego *choros* e originalmente se refere ao espaço reservado aos dançarinos e cantores na Grécia antiga. Como termo arquitetônico das igrejas e catedrais cristãs, representa o local onde se encontra o altar-mor.

Normalmente se localiza a leste dos Templos, entre a nave ou transepto, caso possua um, e a abside, área reservada ao clero que cuida do canto litúrgico.

Esse espaço pode ser ladeado por uma ala de procissões denominada "deambulatório", de onde os fiéis podem visualizar o altar.

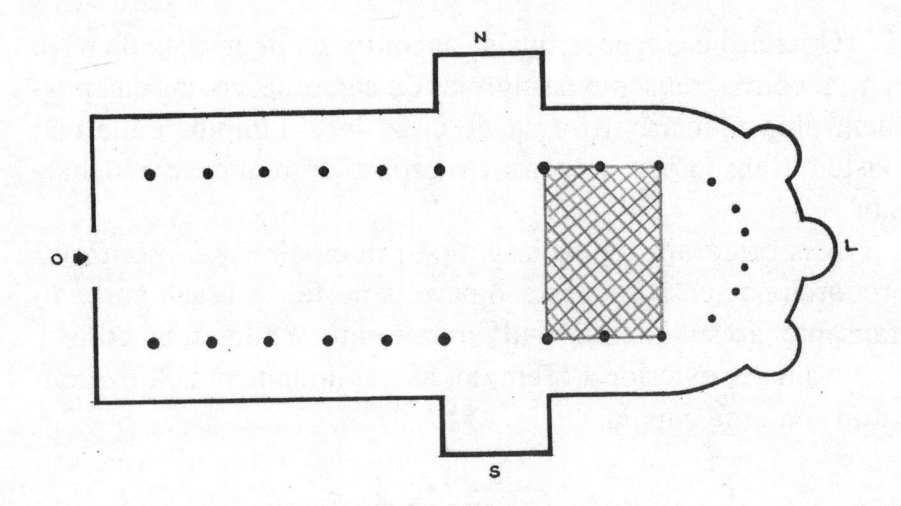

ABSIDE

Este termo arquitetônico mais utilizado em construções religiosas vem do latim *absis* ou *absidis* e do grego *apsis* ou *apsidos*, significando "arco" ou "abóbada".

Consiste em uma ala que se projeta para fora de forma semicilíndrica ou, em alguns casos, poliédrica, onde o remate superior é geralmente uma semicúpula, quando em planta circular, ou abóbada, em planta poligonal.

Nas igrejas orientadas, esse anexo fica de frente para a capela-mor, obedecendo ao segmento do eixo da nave, ficando na extremidade leste.

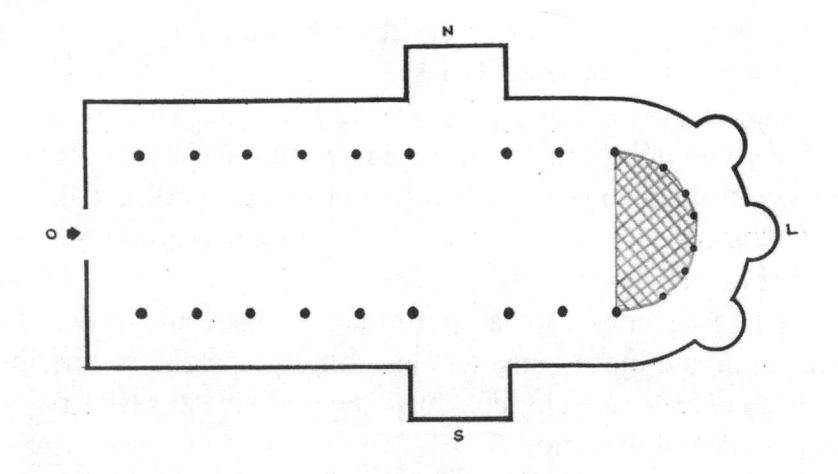

DEAMBULATÓRIO

Deambulatório, também designado "charola", é um termo arquitetônico originário do latim *ambulatorium*, que significa "um lugar para andar".

Trata-se de uma passagem que circula uma área central e que pode atender a diversas necessidades, todas elas referentes a aspectos religiosos.

Em um mosteiro é a passagem coberta que circunda um pátio exterior denominado "claustro".

Nas catedrais, principalmente as de estilo gótico, é a passagem no interior que se situa na extremidade leste, acompanhando a curva da ábside e circundando o coro.

Essa passagem de formato semicircular ou poligonal, dependendo da planta, permite a procissão dos fiéis em torno do altar-mor, além de permitir o acesso às capelas que radiam em torno da abside denominadas "capelas radiantes".

CAPELAS RADIANTES

Também chamadas de capelas radiais, absides secundárias ou absidíolos, consiste em um termo arquitetônico utilizado nas catedrais de estilo gótico na Idade Média, que se referia a uma ou mais capelas secundárias.

Essas capelas secundárias se localizam a leste, ao redor da abside voltadas para o interior do Templo. De acordo com a planta, a disposição pode ter a forma circular ou poligonal.

Quando existe um deambulatório a circunscrever a abside, é para lá que as capelas estão voltadas.

Essas pequenas capelas permitiam a distribuição dos diversos altares e eram consideradas como pequenos santuários de acesso restrito aos cléricos, mas que podiam ser vistas pelos fiéis pelo deambulatório.

Essas capelas foram utilizadas no continente europeu, principalmente na França, pois na Inglaterra o coro terminava em formato retangular.

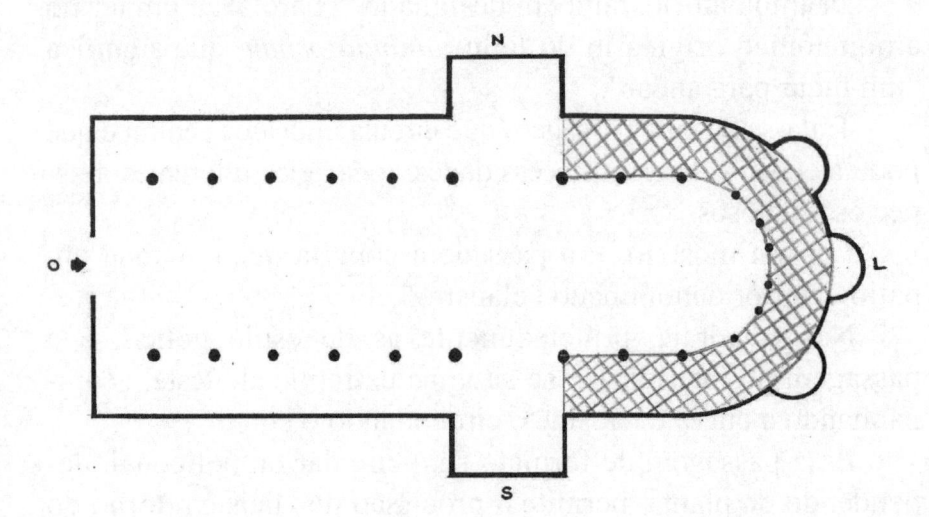

CABECEIRA

Em uma igreja e principalmente em uma catedral cuja orientação é oeste-leste, o termo arquitetônico "cabeceira" representa o conjunto de áreas localizadas a leste, lado oposto à fachada principal, compostas pela abside, deambulatório e capelas radiantes, que formam a cabeça do corpo de Cristo em uma planta em forma de cruz.

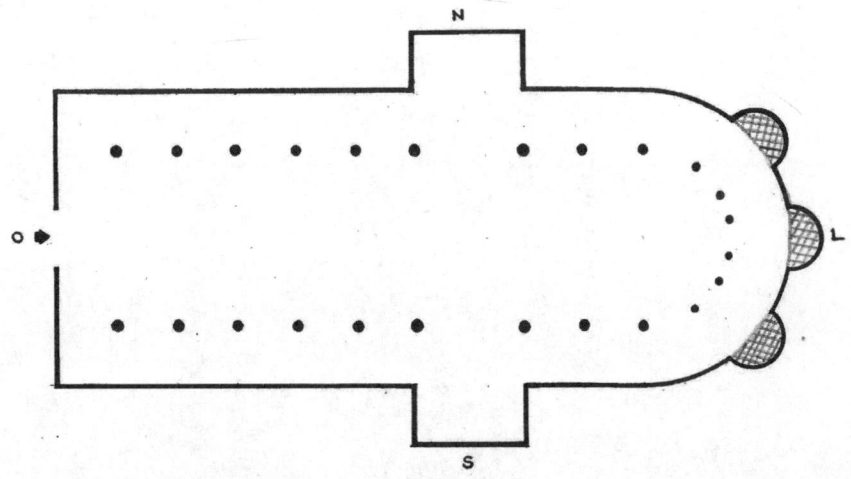

Nas construções mais complexas, como as catedrais góticas francesas, o remate após o coro pode assumir formas muito elaboradas com arcobotante e elementos decorativos que fazem a interligação, formando um conjunto em que se torna difícil distinguir os componentes do todo.

A Origem do Templo Maçônico

Em sua origem, encontramos a designação de Loja, que era um alpendre ou um galpão encontrado ao lado de toda construção importante na época dos pedreiros livres.

Existem pesquisas históricas que encontraram comprovações da existência de Lojas em 1277 nos trabalhos de edificação da Abadia de Vale Royal. Nessa mesma obra foram encontradas provas da existência de dormitórios, pois ela estava longe dos povoados e os pedreiros não dormiam nas Lojas.

Nas Lojas, os pedreiros faziam suas refeições, traçavam os planos da obra e os talhadores de pedra podiam trabalhar nos períodos de chuva, preparando os materiais que seriam utilizados posteriormente.

As Lojas não serviam de dormitórios; os pedreiros moravam em tabernas, casas particulares e dormitórios, como descrito anteriormente.

As Lojas, além de serem um lugar de planejamento e trabalho eram os lugares onde se realizavam os primeiros aprendizados de fé.

Com a reunião de um grupo de pessoas exercendo a mesma profissão, surgiram as corporações de ofício também denominadas de *Guildas*, na Inglaterra, *Compagnonnage*, na França e *Steinmetzem*, na Alemanha.

Com o término das grandes construções a partir do século XVI, as associações começaram a perder seu poder e buscaram membros estranhos à profissão, preferindo pessoas ligadas à nobreza, bem como intelectuais.

Essa nova situação transformou as associações em um misto de operativas e especulativas, e, a partir do século XVIII, acabou tornando-se completamente especulativas, período que é conhecido como "a fase dos aceitos que não eram operários, mas pensadores".

Na fase da Maçonaria Especulativa, as reuniões passaram a ser realizadas nas tabernas e cervejarias das estalagens e hospedarias, locais reservados que possuíam grandes mesas de refeição nos quais os participantes comiam, bebiam, discutiam seus temas e até admitiam novos obreiros.

As Lojas da época adotavam os nomes dos locais onde se reuniam, pois não possuíam nomes distintivos próprios: as Lojas Ganso Grelhado (*The Goose and Gridiron*), situada na praça da Catedral de São Paulo; A Coroa (*The Crown*), situada na avenida Parker, perto da avenida Drury; A Taberna da Macieira (*The Apple Tree*), situada na Charles Street e a Caneca de Vinho (*The Rummer and Grapes*), situada na Channel Row, Westmister. Dessa forma, em 1717, reuniran-se com outros antigos Irmãos na Taberna da Macieira e, sob a presidência do mais velho Mestre Maçom, fundaram a Grande Loja de Londres e Westmister. Resolveram também restaurar a comunicação trimestral dos oficiais das Lojas, reunir-se em assembleia nas festas anuais e escolher entre eles um Grão-Mestre.

No dia 24 de junho de 1717, dia de São João Batista, realizou-se na taberna do Ganso Grelhado uma assembleia em que elegeram o nobre Anthony Sayer para Grão-Mestre.

O termo "Grande Loja" foi utilizado pela primeira vez pela Maçonaria Operativa alemã. As Lojas dos talhadores de pedra denominadas *Steinmetzen* se expandiram na Alemanha, constituindo suas leis e regulamentos. Essas Lojas ou confrarias se denominavan *Hutten* (Lojas) e reconheciam a supremacia das Grandes Lojas ou Lojas principais denominadas *Haupthutten*.

As Grandes Lojas estavam localizadas em Colônia, Estrasburgo, Viena, Zurique e Magdeburgo. Em 1452, Jost Dotzinger, mestre de obras da Catedral de Estrasburgo, unificou as corporações dos talhadores de pedra, redigiu uma constituição aceita por todos e foi eleito Mestre Supremo, recebendo a Loja de Estrasburgo o título de Grande Loja.

Também em Paris, em 1725, existia uma Loja na rua de La Boucherie, na casa do dono de uma estalagem denominado Hure.

Em 1735, já existiam sete Lojas em Paris e outras no interior, e elas solicitaram à Grande Loja da Inglaterra o direito de formar uma Grande Loja provincial, fato que se concretizou em 1743 com a constituição da Grande Loja Inglesa da França; contudo, por causa da má administração e da recusa das Lojas a se submeterem à ingerência estrangeira, essa Grande Loja proclama sua independência em 1755, adotando o nome de Grande Loja da França.

A partir de 1772, a Grande Loja da Inglaterra iniciou a preparação dos estudos para a construção do Free Masons Hall, que seria a sede da Grande Loja. A pedra fundamental foi instalada em maio de 1775 e consagrada em maio de 1776, contando com vários Templos.

Na verdade existe pouca informação sobre as características dos Templos e suas origens. Até os dias atuais encontramos algumas divergências entre os rituais e as decorações das Lojas no Rito Escocês Antigo e Aceito estabelecidas pelas Grandes Lojas e pelo Grande Oriente.

Para podermos estabelecer as influências que ocorreram entre a Maçonaria Operativa e a Maçonaria Especulativa, convém lembrar que na Maçonaria Operativa existia apenas o grau de Companheiro.

A condição de Aprendiz devia representar a admissão ou iniciação e o período de aprendizado.

Em obras muito importantes podia existir um Mestre de grandes conhecimentos que dirigia a Loja, fazendo dos mestres de ofício seus auxiliares. Esse mestre catedrático receberia o título de Venerabilíssimo Mestre, podendo existir também a presença de um antigo Mestre de Loja denominado de Past-Master para substituir o Mestre em sua ausência, o que leva a concluir que não existia o Grau de Mestre, mas a função de Mestria de uma Oficina.

Embora o terceiro grau tenha se propagado a partir da formação da Grande Loja em 1717, só foi sancionado por esta em 1738.

Em 1813, foi estabelecido pelas duas Grandes Lojas da Inglaterra o seguinte: "Fica declarado e decidido que a pura e antiga Maçonaria consiste em três graus e não mais, a saber: o de Aprendiz, de Companheiro e de Mestre Maçom, compreendendo a ordem suprema do Santo Arco Real.

A lenda do terceiro grau, segundo muitos autores, foi criada a partir da Maçonaria Especulativa, pois nas Old Charge não existia nenhuma referência, e até 1717 não constava nas tradições de ofício nem no cerimonial das Lojas.

A citação do nome de Hiram é feita por Anderson no Livro das Constituições, como se fizesse parte da História antiga da Franco-Maçonaria. Esse fato talvez tenha sido influenciado pela sua inspiração bíblica.

O fato é que a autoria do ritual do terceiro grau permanece obscura.

Para alguns estudiosos, os autores da lenda usaram a imaginação e a erudição para produzir um personagem enigmático, cujas pesquisas não conseguiram localizar a verdadeira origem.

A lenda em si possui um caráter alegórico, quando interpretada no sentido moral, e simbólica, no sentido iniciático, em que o candidato para muitos significa a representação de um mito solar.

Outros estudiosos afirmam que a origem do ritual do terceiro grau vem de Elias Ashmole (1617-1692), um antiquário Alquimista e Rosa-Cruz nascido em Litchfield, Inglaterra.

Segundo eles, o início teria sido em 1646, em uma Loja não operativa, em Warrington, e participar dos trabalhos de iniciação em Londres constatou o declínio das confrarias operativas que haviam se afastado da tradição dos antigos mistérios do Egito, Índia, Caldeia, Jerusalém, Grécia e Roma, e resolveu elaborar um novo sistema com a finalidade de reestruturar os graus existentes e criar a lenda do grau de Mestre procurando manter em todos a proteção do véu da arquitetura.

Desenvolveu seu objetivo redigindo os rituais de Aprendiz e Companheiro, em 1648, e de Mestre, em 1649.

Com relação ao primeiro grau, manteve as características gerais da antiga iniciação originária do Egito, a passagem da barbária para a civilização, os princípios fundamentais da Maçonaria, suas leis e costumes.

Os trabalhos do grau de Aprendiz recordavam as lições de Zoroastro, realizados simbolicamente do Meio-Dia à Meia-Noite e encerrados com um ágape fraternal.

No segundo grau, os ensinamentos recordam as doutrinas de Tales de Mileto e de Pitágoras, com relação ao estudo das Ciências Naturais, Astronomia, Filosofia, Matemática, História e Geometria, além de influenciar a busca do conhecimento de si próprio, conseguir dominar-se e avançar na busca espiritual.

Com relação ao Grau de Mestre, vários historiadores alegam que foi composto por Ashmole para representar a morte de Carlos I e promover ideias de vingança, pois ele era um "Cavaleiro" ou partidário de Carlos I (Stuart).

Na lenda do terceiro ou Grau de Mestre, um personagem bíblico denominado Hiram Abiff, que trabalhava com bronze e era filho de uma viúva da tribo de Neftali, e cujo pai era natural de Tiro, torna-se o personagem principal. Segundo a Bíblia, ele fundiu as colunas de bronze, o mar de bronze e outros utensílios necessários ao Templo de Salomão. Na concepção de Ashmole ele é elevado a um ser alegórico, que personifica o Grande Arquiteto do Universo. A lenda representa o Mito Solar, em que o Sol morre no inverno para ressuscitar na primavera.

Alguns autores argumentam que a Lenda de Hiram se assemelha no Egito ao culto de Osíris, conhecido como "A Porta da Morte, em que se perguntava ao aspirante se ele participara do assassinato de Osíris. Após várias negativas, era dado um golpe simbólico com um machado em sua cabeça. Ele caía sendo enfaixado como as múmias. Em seguida, após algumas cerimônias fúnebres, o suposto defunto era rodeado de fogo e restituído à vida.

Nessa lenda, Osíris é o Sol; Ísis, sua viúva, é a Loja que simboliza o mundo; e Hórus, o filho da viúva, é o Franco-Maçom.

Independentemente das interpretações dos estudiosos maçônicos, a exaltação ao grau de Mestre representa a meditação e o estudo; a resposta ao ciclo da vida em que a renovação é constante.

Os três assassinos de Hiram simbolizam a natureza humana pela mentira, ignorância e ambição.

A morte de Hiram leva para o túmulo o segredo da Maçonaria, representado pela sabedoria que deve ser conquistada com sacrifício, pois representa a transformação espiritual.

A partir da construção do Free Mason's Hall da Grande Loja da Inglaterra, foram surgindo Templos em vários países, e as reuniões em tabernas acabaram sendo proibidas.

A orientação, proporção e decoração dos Templos ao que tudo indica obedeceu a manuais estabelecidos na época.

A decoração interna recebeu a influência de vários segmentos da Antiguidade e do momento, contendo vestígios de várias civilizações, escolas de pensamento e religiões. Esse fato foi positivo, pois sendo a Maçonaria uma entidade que se propunha a estabelecer seus ensinamentos aos quatro cantos do mundo, nada mais coerente que possuir uma diversidade simbólica em seus Templos.

Desta forma, podemos encontrar nos Templos Maçônicos as seguintes influências:

- Egito – Orientação do Templo, teto estrelado, átrio, colunas papiriformes e conceito de trindade.
- Sumérios – Pavimento de mosaico, com lugar sagrado.
- Templo de Salomão – Mar de Bronze e Altar dos Perfumes.
- Babilônia – As Colunas Zodiacais.
- Grécia – Colunas dórica, jônica e coríntia, e estrela de cinco pontas dos pitagóricos.
- Roma – Colunas toscanas e velas.
- Pérsia – Pira com o Fogo Sagrado.
- Ásia – Dossel.
- Catolicismo – Delta com o olho da providência (o que tudo vê).
- Judaísmo – Delta Sagrado.
- Parlamento Inglês – Disposição dos assentos e hierarquia em que o Presidente tem assento na Great Chair (Grande Cadeira). tendo ao lado os líderes do governo e oposição, e Sala dos Passos Perdidos, que é um anexo do Parlamento.

Embora os Templos Egípcios tenham sido o arquétipo do Tabernáculo, do Templo de Jerusalém e das Catedrais, tanto no sentido da orientação como na proporção, disposição interna, colunas e teto estrelado, o Templo Maçônico passou a ser denominado de Templo de Salomão.

Acredito que esse fato se deva às narrações bíblicas, em que os relatos sobre o Egito se referem a um povo pagão que aprisionou os judeus. Mas temos de analisar, a bem da verdade, que Moisés era um egípcio que foi iniciado nos mistérios e que, antes do êxodo do Egito, o povo judeu era politeísta, adorava inúmeros deuses, e no Egito existia uma corrente monoteísta, vinculada às reformas religiosas instituídas por Akenaton.

Em minha opinião, não acredito que o Templo Maçônico simbolize o Templo de Salomão, pois como pudemos ver anteriormente, trata-se de um Templo Ritualístico, que recebeu inúmeras influências, pois a Maçonaria não é uma religião, e sim uma entidade que prepara seus membros para os mundos material e espiritual, com o objetivo de melhorar a humanidade.

Por outro lado, podemos considerar a reconstrução do Templo de Salomão como o objetivo a ser estabelecido internamente, a fim de abrigar o Deus que habita dentro de cada Ser.

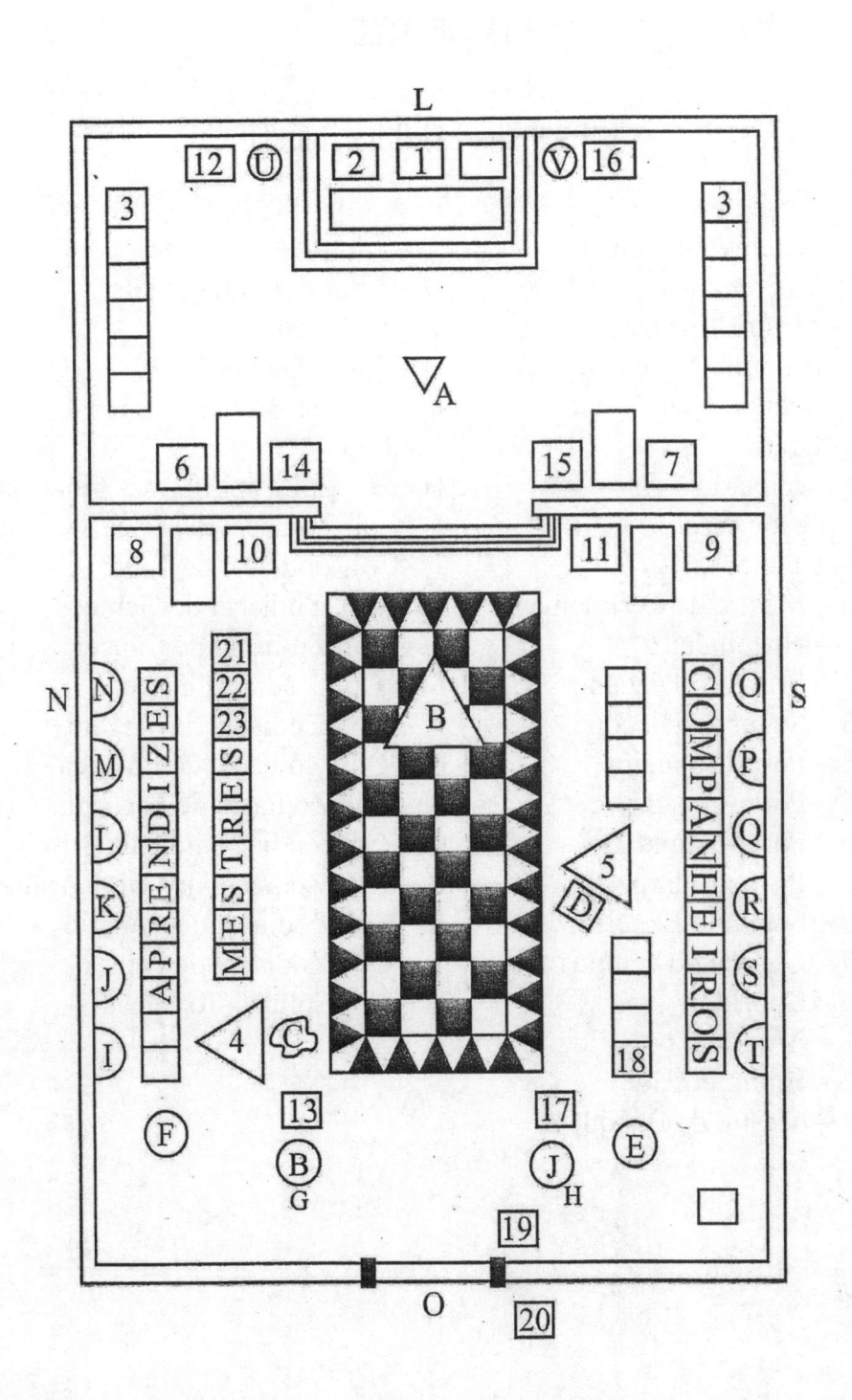

A Origem do Templo Maçônico 107

PLANO DO TEMPLO

ÍNDICE DO PLANO DO TEMPLO

1 – Venerável Mestre
2 – Ex-Venerável Imediato
3 – Mestres Instalados
4 – Primeiro Vigilante
5 – Segundo Vigilante
6 – Orador
7 – Secretário
8 – Tesoureiro
9 – Chanceler
10 – Mestre de Cerimônias
11 – Hospitaleiro
12 – Primeiro Diácono
13 – Segundo Diácono
14 – Porta-Bandeira
15 – Porta-Espada
16 – Porta-Estandarte
17 – Primeiro Experto
18 – Segundo Experto
19 – Guarda do Tempo
20 – Cobridor
21 – Arquiteto
22 – Bibliotecário
23 – Mestre de Banquetes

A – Altar dos Perfumes
B – Altar dos Juramentos
C – Pedra Bruta
D – Pedra Cúbica
E – Mar de Bronze
F – Pira
G e H – Col. Papiriformes Floreadas
I – Col. Zodiacal de Áries
J – Col. Zodiacal de Touro
K – Col. Zodiacal de Gêmeos
L – Col. Zodiacal de Câncer
M – Col. Zodiacal de Leão
N – Col. Zodiacal de Virgem
O – Col. Zodiacal de Balança
P – Col. Zodiacal de Escorpião
Q – Col. Zodiacal de Sagitário
R – Col. Zodiacal de Capricórnio
S – Col. Zodiacal de Aquário
T – Col. Zodiacal de Peixes
U e V – Colunas Toscanas

A Porta do Templo

Alguns Ritos nos indicam a presença de duas colunas à entrada do Templo Maçônico, fato que tem origem nas duas colunas do Templo de Salomão, assunto que será tratado no próximo capítulo sobre as colunas do Templo.

A porta possui inúmeros simbolismos, tanto de natureza profana quanto religiosa e iniciática. Ela é o local que divide duas situações, correspondendo à passagem entre dois estados, entre dois mundos, entre a luz e as trevas, entre o conhecido e o desconhecido, entre o Céu e o Inferno.

A porta esconde o mistério e, além de indicar a passagem, age sobre o fator psicológico, formulando um convite rumo ao desconhecido.

As portas relacionadas ao mundo profano limitam-se a estabelecer a proteção cuja simbologia está voltada única e exclusivamente à segurança do que está do lado de dentro.

Os portais das igrejas e os pórticos dos Templos são as aberturas que conduzem ao Santo dos Santos, local da presença da Divindade. Por essa razão, são consideradas as Portas do Céu.

Nas pirâmides encontramos referências à denominação "Portão de Nut", uma passagem da antecâmara à câmara funerária, também denominada "Portão Celeste", simbolizando a comunicação dos vivos com os mortos.

As cidades chinesas possuíam quatro portas cardeais por onde eram recebidas as boas influências e expulsas as ruins, permitindo o acesso às quatro direções ao que era considerado o centro do mundo.

Segundo várias tradições, as portas dos Templos podem ser protegidas por guardiões, representados por animais fabulosos, como Duarapala, nos Templos da Ásia, e até nas Mandalas Tântricas. Também encontramos referências a guardas armados nas portas das sociedades secretas com o objetivo de proteger a entrada dos que são dignos e proibir a entrada no recinto sagrado de forças impuras e maléficas, como descrito na Bíblia: "Felizes os que lavam suas vestes para terem poder sobre a árvore da vida e para entrarem na cidade pelas portas" (...) "Ficarão de fora os cães, os mágicos, os impuros, os homicidas, os idólatras e todos os que amam ou praticam a mentira" (Apocalipse 22:14,15).

Esse simbolismo dos guardiões encontra-se ligado à iniciação por meio da entrada ou travessia da porta. Jano, deus latino da iniciação aos mistérios, possuía as chaves das portas solsticiais correspondentes às fases ascendente e descendente do ciclo anual, que representavam respectivamente a porta dos deuses e a porta dos homens. O mês de janeiro é derivado de Jano e representa a porta do ano.

As tradições judaicas e cristãs conferem uma grande importância à porta, pois é por ela que se tem acesso à revelação das harmonias do Universo.

Cristo é representado no alto dos frontispícios das catedrais e, de acordo com o mistério da Redenção, ele é a porta pela qual se chega ao Reino dos Céus: (João 10:9) "Eu sou a porta, quem entrar por mim será salvo".

Toda porta possui uma soleira ou um patamar, que no simbolismo esotérico denomina-se "limiar" ou "limite entre o mundo profano e o interior sagrado".

Atravessar um limiar em determinadas circunstâncias exige um sentimento de respeito e procedimentos ritualísticos como, por exemplo: tirar os sapatos na entrada de uma mesquita, ou de uma casa japonesa, ou adentrar com determinado pé em construções sagradas. Em outras situações, o limiar não deve ser tocado, sendo necessário atravessá-lo de um só passo, e até encontramos locais, principalmente Templos e Santuários, onde ninguém pode ultrapassar o limiar, apenas o sumo sacerdote em algumas solenidades.

Existe uma grande expectativa por parte de quem está do lado de fora e detesta passar para o lado de dentro, pois a passagem pelo limiar envolve inúmeros fatores relacionados, principalmente com a mente humana, como: o medo, a curiosidade, a ansiedade, a esperança, a fé, etc.

Nas cerimônias de iniciação, normalmente o neófito percorre de olhos vendados diversos patamares, mas sempre acompanhado, pois o limiar é a fronteira do sagrado, e somente os que foram iniciados podem atravessar o limiar sem que os olhos estejam vendados.

O Templo Maçônico possui uma única porta colocada na parte ocidental, local onde o Sol adormece, denominado "mundo das trevas" ou do mortos. (Os egípcios chamavam os mortos de ocidentais). O profano, após passar pela Câmara de Reflexões, vem à porta do Templo desejoso de ver a luz.

A porta do Templo Maçônico simbolicamente deve ser baixa, para que o profano que penetra no Templo tenha de se curvar, não como um gesto de humildade, mas para simbolizar a dificuldade da passagem do mundo profano para o mundo da luz, lembrando que o renascer se assemelha a uma criança que vem ao mundo.

A porta do Templo Maçônico, quando a Loja estiver em trabalhos, deve ser vigiada internamente pelo Guarda do Templo e externamente pelo Cobridor (atualmente esta função está fora de uso). Quando a Loja se encontra em trabalhos com a porta fechada, no sentido diz-se que está a coberto ou livre das indiscrições profanas, e internamente está a coberto pelo Grande Arquiteto do Universo.

Na porta de uma Loja Maçônica deve estar preso ao batente, por uma corda, um malhete, a ser utilizado pelos que desejam o ingresso após o início dos trabalhos. O retardatário dá a bateria do grau de Aprendiz e o Guarda do Templo deve responder com a bateria do grau em que a Loja está trabalhando. Se a batida do Guarda do Templo for desconhecida ao retardatário, este deve se retirar; se for conhecida, deve repeti-la, indicando que tem os conhecimentos do grau.

Quando o retardatário for um visitante desconhecido, deve ser examinado fora do Templo, antes de ser autorizado a entrar – o que deverá ser feito sempre de forma ritualística.

Na hora fixada para o início dos trabalhos, o Mestre de Cerimônias, após verificar se os obreiros se encontram revestidos de suas insígnias e devidamente trajados, organiza o cortejo de entrada, formado por uma fila dupla, seguindo à frente os Aprendizes e Companheiros, depois os Mestres, Oficiais, Mestres Instalados, Vigilantes e por último o Venerável Mestre. Havendo autoridades maçônicas, estas podem entrar junto com o Venerável, dispensando as formalidades do cargo, ou após a abertura dos trabalhos da Loja, obedecendo a rituais específicos para cada cargo.

Na entrada em um Templo Maçônico, a ultrapassagem do limiar deve ser feita com o pé esquerdo, início da marcha do Aprendiz, embora alguns também considerem ser o lado do coração, cuja porta deve sempre estar aberta para receber os ensinamentos maçônicos.

As Colunas da Porta do Templo

Existe uma controvérsia e um mistério com relação às duas colunas que ficam na porta do Templo Maçônico. Para alguns autores, as colunas devem ficar do lado de fora, como no Templo de Jerusalém; para outros, devem ficar do lado de dentro, na porta. Para termos uma visão do assunto, acredito ser necessário um pequeno estudo sobre as colunas.

A árvore é que deu origem à forma da coluna, com suportes vegetais, tronco e feixes que sustentavam os tetos das antigas construções de madeira, e este fato pode estar associado à Árvore da Vida em que a base é a raiz, o fuste é o tronco e o capitel as folhagens.

Encontramos esse simbolismo da Árvore da Vida nas tradições judaicas c cristãs, em que as colunas possuem um simbolismo cósmico e espiritual, e se relacionam também com o acima, o abaixo e o centro do mundo. Também nas tradições célticas, a coluna ou pilar simbolizava o eixo do mundo aproximando-se do conceito de Árvore da Vida em que as gigantescas colunas celtas de Jupites simbolizavam a árvore do Universo.

As colunas, também são consideradas, como um suporte de conhecimento e informação, pois encontramos inúmeras colunas, obeliscos e pilastras com inscrições e relevos que contam passagens históricas e feitos dos heróis, como a coluna de Trajano, em Roma, que possui uma espiral e baixos relevos, contando episódios notáveis de suas campanhas.

Alguns relatos lembram tradições cosmológicas (ciência das leis gerais que regem o mundo físico) quando se referem às crenças de que a Terra repousa sobre colunas e Deus as balança, ocasionando os terremotos. Encontramos também nas tradições escatológicas (doutrina das coisas que deverão acontecer no fim do mundo) relatos que dizem que o fim do mundo acontecerá quando as colunas forem derrubadas.

A coluna, em determinadas circunstâncias, representa uma teofania (aparição ou revelação da Divindade), como no exemplo da cruz da liturgia pascal, pois a coluna de luz reflete as almas que amam a Deus e que deixam filtrar por Seu intermédio a luz divina, e por meio de duas colunas, uma de fogo durante a noite e uma de nuvem durante o dia, Jeová guiou os hebreus no deserto (Êxodo 13:21, 22).

Essas colunas simbolizavam a presença de Deus no sentido ativo, o que no sentido místico pode ser interpretado como a condução da alma nos caminhos da perfeição.

Voltando às colunas da porta do Templo Maçônico, os autores que defendem a localização delas no lado de fora do Templo alegam que elas se referem às duas colunas do Templo de Salomão citadas pela Bíblia em (I Reis 7:15-22). As colunas foram feitas de bronze por Hiram Abiff. Elas foram erguidas diante do pórtico do santuário. A do lado direito recebeu o nome de Jaquim e a do lado esquerdo, Booz. Jaquim significa "ele firmará" e Booz, "nele está a força".

As teorias relativas às colunas fora do Templo Maçônico alegam que os egípcios tinham duas colunas à entrada de seus Templos e que os hebreus se basearam em inúmeros aspectos da cultura egípcia, pois viveram muito tempo no Egito – e Salomão era casado com uma princesa egípcia. A influência egípcia é verdadeira, mas eles não construíam colunas de bronze em frente aos Templos, e sim enormes obeliscos de pedra ou estátuas dos faraós. É possível que em razão de os hebreus não terem tradição em trabalhos de pedra possam ter optado por construir as duas colunas em bronze, que combinavam com o Mar de Bronze o qual também ficava do lado de fora. Também temos de levar em consideração que duas colunas, estátuas ou obeliscos na entrada dos Templos causam uma agradável imponência estética, e o Templo de Jerusalém, erigido para ser a casa de Deus, foi construído sem dúvida nenhuma com o objetivo de impressionar os fiéis.

Temos também as alegações de estudiosos de que as modificações que colocaram as colunas dentro do Templo Maçônico foi obra dos maçons modernos ou especulativos. Não existe dúvida com relação a esse fato, pois antes da Grande Loja da Inglaterra, como já foi citado anteriormente, não existiam Templos Maçônicos.

Com relação aos que defendem as colunas dentro do Templo Maçônico, existem também vários argumentos como, por exemplo: as colunas dentro do Templo Maçônico tem o estilo papiriforme, de origem egípcia, e os egípcios erguiam essas colunas dentro de seus Templos. As colunas maçônicas encontram-se em alinhamento com as duas colunas toscanas situadas ao lado do Venerável e servem de limite entre as Colunas do norte, do sul e o centro do Templo.

Sobre essa polêmica, temos uma infinidade de argumentos como também existem algumas invenções, como a de que as colunas eram ocas para guardar as ferramentas e os livros sagrados e que em seus topos existiam duas esferas: uma representando a Terra e outra, o Universo.

Nesses dois casos cabem os seguintes esclarecimentos: as colunas do Templo de Salomão, embora não exista referência alguma no texto bíblico, poderiam ser ocas para aliviar o peso na fundição, mas certamente as ferramentas e os livros sagrados não seriam guardados em um lugar público fora do Templo. Com relação às esferas, só poderiam estar presentes nos Templos Maçônicos, pois na época de Salomão não existia o conhecimento de a Terra ser redonda.

A literatura maçônica sempre foi fértil em suas explicações morais e filosóficas, com uma tendência de ir buscar vestígios no passado o mais remoto possível. A polêmica sobre as colunas à porta do Templo não tem muita importância, pois não faz diferença que estejam do lado de dentro ou de fora, ou se representam ou são uma homenagem ao Templo de Salomão. Aliás, esse assunto ainda poderia estar repleto de explicações sobre as medidas, os ornamentos, os nomes, etc. Particularmente, eu prefiro que estejam dentro do Templo por razões estéticas, mas preferências à parte, as colunas simbolizam as ligações entre o Céu e a Terra, manifestando o poder de Deus sobre o homem, que resulta no poder do homem sob a influência de Deus ao solidificar sua construção espiritual.

Mar de Bronze

Nas antigas tradições, a pureza era um requisito fundamental para não contaminar o culto. As impurezas correspondiam a uma diminuição da força vital e somente os puros poderiam se encontrar com a Divindade. Por essa razão, a imagem do pecado se relaciona com a sujeira (terra), surgindo a necessidade dos rituais de purificação.

Os significados simbólicos da água se resumem em três temas importantes: fonte ou origem da vida, meio de purificação e centro de regeneração.

Desde a Antiguidade a água é considerada um dos quatro elementos da Natureza (terra, água, fogo e ar), representando as qualidades fria e umida ligadas ao inverno e à noite. Por causa das suas qualidades, simboliza o astral, representa a ilusão das formas transitórias e é considerada o princípio úmido dos hermetistas, ou seja, a plasticidade, a materialidade, a passividade e a mutação.

O *Rig Veda* nos expõe que as águas trazem vida, força e pureza, tanto no plano material quanto no espiritual.

Na Ásia, a água é a natureza da manifestação, a origem da vida, o elemento de regeneração corporal e espiritual, e é também símbolo da fertilidade, da pureza, da sabedoria e da virtude.

A água é considerada a matéria-prima primordial. Em um texto hindu encontramos a afirmação de que, no princípio, tudo era água; em um texto taoista o que segue: "As vastas águas não tinham margens; Bramana o ovo do mundo é chocado na superfície das águas", na Bíblia encontramos que no início o Espírito de Deus flutuava sobre as águas (Gen.1:2).

Na Antiguidade a água de fontes sagradas tinha um papel de grande importância nos oráculos, pois muitos povos acreditavam que a força da profecia e da inspiração divina estavam associadas à água; o deus sumério Enko era o soberano da água e da sabedoria.

Nas tradições judaica e cristã a água simboliza, em primeiro plano, a origem da criação; ela é mãe e matriz, fonte de todas as coisas, porém, como todos os símbolos, pode ser entendida como dois planos opostos: ser fonte de vida e fonte de morte, criadora e destruidora.

A água existe em três estados: gasoso, líquido e sólido; possui também três características fundamentais: incolor, inodora e insípida.

Em várias religiões a purificação pela água é feita pelo batismo, simbolizando o perdão dos pecados e a instalação do espírito na pessoa, pois a água é o símbolo da vida espiritual oferecida por Deus.

Jesus reafirma esse simbolismo no Seu diálogo com a samaritana:

"Aquele que beber da água que eu lhe darei não terá mais sede (...)A água que eu lhe darei se tornará nele fonte da água a jorrar em vida eterna" (João 4:4). A água se reveste de um sentido de eternidade "Pois aquele que bebe dessa água participa antecipadamente da vida eterna". (João 4:13, 14)

Os cultos normalmente existem em torno das nascentes de água, pois a devoção popular sempre considerou o valor sagrado e sacralizante das águas.

O Corão designa a água benta que cai do Céu como um dos signos divinos. Os Jardins do paraíso têm arroios de águas vivas e fontes (Corão 2:25-88:12). O próprio homem foi criado de uma água que se difundiu (Corão 86:2). "Deus! Foi Ele quem criou o Céu e a Terra, e que fez descer do Céu uma água graças a qual faz brotarem os frutos para vossa subsistência" (Corão14:32 – 2:164).

Por outro lado, a água simbolizando a pureza é empregada como instrumento de purificação. A prece ritual muçulmana *calat* não deve ser realizada se o orante não estiver em estado de pureza ritual por meio de suas abluções, cuja ritualística constitui objeto de normas minuciosas.

No Egito antigo, os sacerdotes deviam submeter-se sempre à purificação ritualística relacionada com o deus do Sol, Rá, que se purificava no oceano celeste antes de cada viagem diária.

Também os textos das pirâmides mencionavam banhos purificadores para os mortos, o que simbolizavam, além de uma purificação externa, a preparação para uma nova vida, pois os egípcios esperavam que a água como fluido que provém de Osíris libertassem-nos da rigidez da morte.

A água como origem da vida aparece em inúmeros mitos da criação. Entre os germanos, são as águas correndo pela primeira vez na primavera sobre a superfície dos gelos eternos que propiciaram a origem ancestral de toda a vida, pois vivificadas pelo ar do Sul, elas se juntaram formando o corpo do primeiro gigante Ymir (mimir), do qual procedem os demais gigantes e o homem. Já na cosmologia da Babilônia, no começo de tudo, quando não havia ainda nem Céu nem Terra, apenas uma matéria indiferenciada se estendia desde toda a eternidade: as águas primordiais. Da sua massa se desprenderam dois princípios elementares: Apsu e Tiamat. O primeiro considerado como uma divindade masculina representa a água doce sobre a qual flutua a terra, e o segundo, a água salgada ou o mar de onde saíram todas as criaturas.

Além dos símbolos antigos da água como fonte de fecundação da terra e seus habitantes, existem inúmeras referências a símbolos analíticos da água como fonte de fecundação da alma.

A água é o símbolo das energias inconscientes, das virtudes informes da alma, das motivações secretas e desconhecidas.

Na Maçonaria é utilizada a ablução como primeira purificação da matéria na iniciação, uma das condições necessárias para a pureza da alma. Nos Templos Maçônicos, o local de à purificação pela água é denominado Mar de Bronze. Segundo a Bíblia, Moisés recebeu de Jeová as instruções para construir um grande recipiente de bronze para as abluções dos fiéis, antes de entrarem no Templo (Reis 7:23:26).

Era uma grande bacia sustentada por 12 estátuas de touros, que ficava na entrada do Templo de Jerusalém. Ela continha água que se dê às abluções e à lavagem dos animais destinados ao sacrifício.

No Templo Maçônico, o Mar de Bronze exerce a função de purificação pela água nas iniciações. Simbolicamente ocorre a purificação da alma do candidato que acabou de sacrificar sua vida profana na esperança de receber a verdadeira luz.

O fato de a Maçonaria adotar o Mar de Bronze como inspiração para a cerimônia de purificação pela água na iniciação gera uma série de controvérsias. Alguns autores acreditam que a finalidade do Mar de Bronze no Templo de Jerusalém era diferente do objetivo maçônico, pois se destinava aos fiéis que se lavaram antes de entrar no Templo, pois muitos vinham de longe, por estradas repletas de poeira. Também servia de lavatório para os animais destinados aos sacrifícios e se localizava fora do Templo, ao lado direito de quem entra.

A introdução do Mar de Bronze nos Templos Maçônicos provavelmente ocorreu no período especulativo, em que surgiu a lenda de Hiram Abiff, construtor da referida obra.

Nos rituais maçônicos consta apenas o nome de Mar de Bronze, não existindo exigência alguma com relação ao formato original (12 bois segurando a bacia), e na maioria dos Templos Maçônicos existe uma pia sobre um pedestal cujo formato se assemelha a uma pia batismal das igrejas católicas.

Com relação ao posicionamento do Mar de Bronze no lado esquerdo do Templo Maçônico, particularmente acredito que deveria estar do lado direito por dois motivos:

1º – No Templo de Jerusalém ficava no lado direito.

2º – No Templo Maçônico, no lado esquerdo, localizam-se as colunas de Áries e Touro, relacionadas ao fogo, e no lado direito as colunas de Peixes e Aquário, relacionadas à água.

Por outro lado, acredito também que a cerimônia de purificação pela água realizada nos Templos Maçônicos difere totalmente da finalidade original do Mar de Bronze, estando relacionada aos rituais de purificação dos Antigos Mistérios.

A Pira

O desenvolvimento da sociedade humana teve início a partir do domínio do fogo, que proporcionou uma nova qualidade de vida, por meio da iluminação noturna, preparo de alimentos e bebidas, proteção contra os animais, etc.

Em todos os povos o fogo é cultuado como a origem do homem, pois os raios do Sol são a fonte da vida e o fogo, símbolo do Sol, que é considerado símbolo do Ser Supremo.

Nas antigas religiões o fogo teve um papel importante nas purificações e se acreditava que tudo o que o fogo devorava se purificava.

Existem relatos de vários tipos de rituais que estabeleciam provas com fogo simbolizando a purificação.

Zoroastro conhecia o segredo do fogo sagrado, um tipo de fogo em forma líquida, semelhante à água, que não necessitava de combustível para queimar e se mantinha aceso eternamente em seus altares, simbolizando a vida divina.

Na doutrina hindu, Agni, Indra e Surya são fogos dos mundos: terrestre, intermediário e celeste, ou seja, o fogo comum, o raio e o Sol.

Os *Upanixades* nos falam que queimar pelo lado de fora não é queimar; onde se apresenta o símbolo da kundalini ardente da ioga hindu e o fogo interior do tantrismo tibetano, em que o fogo corresponde ao coração. Buda substitui o fogo sacrifical do Hinduísmo pelo fogo interior, que representa o conhecimento penetrante, iluminação e destruição do invólucro: "Atiço em mim uma chama. Meu coração é a lareira e a chama é o eu domado". (Sumyuttanikaya 1, 169)

Na Bíblia existem dezenas de referências simbólicas ao fogo. Uma das mais significativas se refere à associação da presença divina em que logo após a crucificação e assenção de Cristo aos Céus, estando os apóstolos reunidos em oração, receberam a presença do Espírito Santo manifesto sobre suas cabeças como pequenas labaredas de fogo (Atos dos Apóstolos 2:3). A liturgia católica do fogo novo é celebrada na noite de Páscoa.

Na Irlanda existem referências a uma festividade denominada beltane, que se realiza em 1º de maio, início do verão. Nessa ocasião os druidas acendiam grandes fogueiras (fogo de bel) e faziam o gado passar entre elas com a finalidade de protegê-los das epidemias. Essas fogueiras foram substituídas pela de São Patrício, que, segundo a história, teria acendido uma grande fogueira na véspera da Páscoa em Uisnech e marcou o prevalecimento do Cristianismo.

No *Popol-Vuh* dos maias, os heróis gêmeos Hunahaú e Ixbalanqué, deuses do milho, morrem queimados na fogueira acesa por seus inimigos. Após sua incineração renascem de um rio onde as cinzas foram lançadas. Essa lenda resultou no ritual do Fogo Novo celebrado atualmente pelos chortis, remanescentes dos maias, que vivem na Guatemala e em Honduras, e que no equinócio antes da semeadura acendem uma grande fogueira em que queimam corações de pássaros e de outros animais, pois segundo eles, o coração dos pássaros simboliza o espírito divino, repetindo simbolicamente a incineração dos gêmeos senhores do milho.

São inúmeros os ritos de purificação pelo fogo; em sua maioria ritos de passagem característicos das culturas agrárias, em que, após as queimadas e o plantio, surge um manto verdejante proveniente da natureza viva e renovada.

A lenda da Fênix, pássaro mítico de origem etíope, refere-se ao poder da ave de se consumir em uma fogueira e renascer das cinzas, fato que durante a Idade Média foi símbolo da ressurreição de Cristo.

Segundo os gregos, o fogo teria sido entregue aos mortais por Prometeu, que o roubara de Zeus. Dada a importância do fogo, em muitos Templos eram mantidas chamas acesas. Durante os jogos olímpicos, na cidade de Olímpia, os sacerdotes do Templo de Hestia acendiam uma tocha, e o atleta que vencesse uma corrida até o local onde se encontravam os sacerdotes teria o privilégio de transportar a tocha para acender o altar do sacrifício, que era mantido aceso durante os jogos em homenagem a Zeus.

Os romanos rendiam culto a Vesta, deusa do fogo, e consideravam o apagamento do fogo em seus Templos como o mais funesto dos presságios. Também em sinal de respeito não cometiam alguma ação culpável diante dele.

O fogo também possui um significado sexual ligado à primeira técnica utilizada em sua obtenção: por meio de fricção, em um movimento de vai e vem, similar ao movimento sexual.

O resultado final do fogo é a cinza, um cadáver residual do fogo da vida, simbolizando a nulidade ligada à vida humana. Na Índia, os corpos dos iogues e dos sadus são esfregados com cinzas para demonstrar a renúncia à vaidade terrena.

O fogo nos ritos iniciáticos relativos à morte e ao renascimento se relaciona com seu princípio antagônico à água. A purificação pelo fogo é complementar à purificação pela água, tanto no plano microcósmico, por meio dos ritos iniciáticos, quanto no plano macrocósmico por intermédio de ritos alternados de dilúvios e secas com incêndios. Dessa forma, o fogo acaba sendo o responsável pela regeneração periódica.

Assim como o Sol, por causa do seus raios, o fogo simboliza por meio de suas chamas a ação fecunda, purificadora e iluminadora. Mas também possui aspectos negativos: obscurece, sufoca, queima, devora e destrói.

O aspecto destruidor do fogo implica em um lado negativo, e seu domínio acaba sendo uma função diabólica, pois ao mesmo tempo é celeste e subterrâneo, servindo ao criador e ao demônio, representado por Lúcifer, o portador da luz celeste, precipitado nas chamas do inferno, que possuem o fogo que queima sem consumir.

O fogo é o princípio animador masculino (em oposição à água), fonte de energia, símbolo da vida, da força e da Divindade. Corresponde ao verão, meio-dia ou meridiano. Possui qualidades quente e seca, e representa a cor vermelha e a inteligência brilhante.

A pira é uma estrutura normalmente feita de madeira para queimar o corpo humano como parte do ritual funerário. Consiste em uma forma de cremação; o corpo é colocado sobre a pira e esta é incinerada.

No Hinduísmo, tradicionalmente as piras são utilizadas na cremação dos mortos. Nos países ocidentais, nos dias atuais, as piras foram substituídas pela cremação em fornos especializados.

Segundo as tradições nos funerais dos vikings, a pira tinha o formato de um navio onde era colocado o cadáver, ateado fogo e lançado ao mar. Encontramos também as piras de todos os formatos e tamanhos dentro dos Templos, não sendo utilizados para a cremação de corpos humanos, mas para cerimônias de adoração, oferenda e purificação.

Nos Templos Maçônicos, encontramos uma pira utilizada na cerimônia de iniciação, quando o candidato após ter mergulhado as mãos no mar de bronze por três vezes para ser purificado pela água, passa as mãos três vezes sobre o fogo da pira para que de profano nada lhe reste.

Coluna da Harmonia

A música é uma das sete ciências ou artes liberais. Vem do grego *musa*, que significa "inspiração", "harmonia dos sons". Essa arte ou ciência tem a capacidade de combinar os sons de maneira agradável ao ouvido, tanto os provenientes da voz humana quanto os de instrumentos musicais.

A música sempre esteve relacionada ao culto e aparece como parte do ritual, no qual está integrada, agindo como símbolos e servindo para elevar a ação da cerimônia. O som possui o poder de unir-se à palavra, à mascara, ao êxtase do movimento da dança, proporcionando a consagração mágico-religiosa.

No Totemismo, os cantos imitam os ruídos da Natureza ou as vozes dos animais, substituindo as vozes dos antepassados da tribo. Em culturas posteriores (Egito, Babilônia, Índia, etc.), as imitações resultam em símbolos sonoros (abutre, águias, trovão, relâmpago, rãs, chuva, etc.), utilizados de acordo com o tipo de ritual que pode ser: dos mortos, da guerra, do tempo, da cura de doentes, etc.

Xamãs utilizam-se de instrumentos e danças, além das canções de culto, com o objetivo de conseguir a ligação com o mundo dos espíritos.Nos rituais de sacrifício, a elevação do som dos mortais para os deuses é considerado uma grande oferenda.

Existem determinados instrumentos ligados ao culto dos deuses ou a rituais específicos. O trompete se relaciona ao culto dos deuses ou a rituais específicos. O trompete se relaciona ao culto dos mortos; a flauta, aos rituais de iniciação e feitiço de felicidade; a matraca sagrada dos sacerdotes egípcios é utilizada em rituais de sacrifício, além do tambor, da harpa, concha e inúmeros instrumentos de culto com caráter simbólico.

A música tem a capacidade de melhorar o ambiente para a meditação, pois acalma, ameniza, conforta e até pode ajudar na cura de processos orgânicos, pois conseguem penetrar no íntimo dos seres humanos, transmitindo harmonia.

No passado maçônico, a Coluna da Harmonia era formada por Irmãos músicos que tocavam durante os trabalhos, com o intuito de propiciar a harmonia entre os obreiros, mantendo o equilíbrio das emoções. Com o tempo os músicos foram substituídos pelas aparelhagens eletrônicas que são operadas pelo Mestre de Harmonia.

Foi o monje beneditino Guido Dárezzo quem inventou a denominação das notas musicais que são utilizadas universalmente.

Os discípulos de Pitágoras se dedicavam ao estudo da música como uma disciplina moral. Para eles, ela atuava no controle das paixões agressivas ao mesmo tempo que melhorava os sentimentos elevados. Pela música muitos estudos foram realizados no sentido de procurar entender as influências benéficas na mente, ocasionadas por melhorias suaves e agradáveis que conseguiam eliminar anseios, angústias e frustrações, purificando os sentimentos.

Na abertura dos trabalhos maçônicos, antes da entrada dos Irmãos no Templo, o Irmão Mestre de Cerimônias deve programar o som ou permanecer no Templo, para que na entrada do cortejo os Irmãos possam ser recebidos com música.

Com relação ao tipo de música que deve ser executada nas Lojas Maçônicas, existem várias opiniões. Para alguns não devem ser programadas músicas de caráter religioso, pois como a Ordem possui um caráter universal, isso poderia constranger membros de religiões diferentes da programação escolhida. Outros não aceitam a execução de músicas cantadas alegando que as palavras contidas nelas perturbam a concentração e atrapalham a formação da egrégora. Outros ainda admitem as músicas cantadas por corais.

Não existe na Maçonaria regras fixas que estabeleçam o tipo de música que deve ser tocado; apenas indicam que devem ser adequadas e propícias, ficando a cargo do Mestre de Harmonia a escolha do repertório, que acaba se repetindo ao longo dos anos como um hábito que não pode ser mudado. As músicas devem ter um caráter neutro para que os Irmãos possam elevar a reflexão de seus pensamentos, afastando os assuntos profanos e penetrando dentro de si. Os sons harmoniosos são energias que estimulam os sentidos nos aproximando do G∴A∴D∴U∴. Platão afirmava ser a música o remédio da alma.

Antes de mais nada, torna-se necessário equacionar a aparelhagem de som ao tipo de ambiente para que a sonoridade seja uniforme, não existindo diferenças que provoquem a distorção, comprometendo dessa forma a qualidade do som.

Estando a aparelhagem de som em ordem, cabe ao Mestre de Harmonia compreender a importância de seu trabalho, pois encontramos erros que se repetem em muitos Templos, demonstrando falta de conhecimento do cargo. Os erros mais comuns são os seguintes:

- O som é colocado em nível baixo no início dos trabalhos e permanece o mesmo até o final, sem nenhuma interrupção, provocando sono entre os participantes.
- A qualidade da fita ou do CD não é boa.
- A música é mantida em volume alto, não havendo interrupções nas falas importantes, o que atrapalha a audição.

- As músicas são inadequadas, de mau gosto e colocadas sem nenhum critério.

É fundamental que o Mestre de Harmonia goste de música e tenha um bom conhecimento da ritualística, para que possa escolher o tipo de música e a hora certa a ser colocada.

A liturgia maçônica deve ser acompanhada de uma trilha sonora que estimule nos instantes de euforia e acalme nos momentos de meditação, principalmente na abertura e fechamento do Livro da Lei, na passagem da Bolsa de Propostas e Informações, e da Bolsa de Beneficência para o Tronco de Solidariedade.

Existem indicações de que a introdução de música nos trabalhos maçônicos surgiu na época do rei Luís XV.

A joia do cargo de Mestre de Harmonia é uma lira, instrumento musical de cordas parecido com uma harpa, mas de tamanho menor. A lira é um instrumento musical muito antigo, citado em atividade de deuses.

Mozart, que foi maçom, compôs várias músicas maçônicas como, por exemplo: "A viagem do companheiro" (*Die Gessellenreise*); "Abertura e fechamento da Loja" (Op 483 e 484); "Três cantatas", entre (Op 471, 619 e 623); a ópera A Flauta Mágica e outras.

O Ocidente

A Maçonaria adota as quatro direções do espaço, representadas pelos pontos cardeais: Norte-Sul, Leste-Oeste, complementadas pela dimensão vertical Zênite-Nadir e a denominação interior, Centro.

Na Maçonaria, o eixo Norte-Sul, respectivamente coluna dos Aprendizes e coluna dos Companheiros, simboliza as regiões das forças transcendentais; o eixo Leste-Oeste é denominado de Oriente e Ocidente, representando a manifestação do Divino e do destino humano; o eixo Zênite-Nadir, que corresponde da abóbada celeste ao centro da Terra, simboliza a ascensão e o declínio, e a reunião das direções contrárias se estabelece no ponto denominado Centro, que simboliza a origem e o destino, a criação e o fim de todas as coisas. Esse ponto se localiza no centro do Templo Maçônico, onde se encontra o Altar dos Juramentos, com o Livro da Lei, o Esquadro e o Compasso.

A maioria dos Templos religiosos do passado possuía a orientação Leste-Oeste ou Oriente-Ocidente (Templos egípcios, Templo de Salomão, grandes catedrais, etc.), em razão de o Oriente representar o local onde o Sol nasce e o Ocidente, onde ele se deita.

As Lojas Maçônicas adotaram essa orientação em seus Templos na medida do possível ou de forma simbólica, em todos, pela mesma razão: a origem da luz. Dessa forma, a entrada do Templo fica no Ocidente e o Venerável senta-se no Oriente.

Segundo as Antigas Tradições, o Ocidente é a região do entardecer da velhice e da morte. Os egípcios antigos chamavam os mortos de "Os Ocidentais".

O Ocidente valoriza o corpo e se dedica ao esoterismo e à literalidade, prevalecendo a matéria. No misticismo sufista, o Ocidente simboliza as trevas, o materialismo, a imoralidade, a perda da vida e a decomposição dos valores.

Na China, o Ocidente corresponde ao outono, também denominado "nuvem negra", em que predomina o *Yin*.

Nos tempos atuais o Ocidente representa o materialismo, a agitação, a vida ativa orientada pela psicologia e pela lógica.

Nos Templos Maçônicos existe uma divisão entre o Oriente e o Ocidente por meio da grade do Oriente.

O Oriente possui o piso mais elevado, por onde se sobe por quatro degraus denominados, na ordem de subida: força, trabalho, ciência e virtude. A grade do Oriente é composta de pequenas colunas medindo de um metro a um metro e trinta centímetros de altura, unidas por uma barra horizontal no topo de cada uma. A grade norte começa na parede do lado norte e corresponde a um terço da largura total; a grade sul da mesma forma, e a passagem entre ambas onde se encontra a escada e o terço restante.

A maioria dos rituais e autores maçônicos definem toda a área do Templo após o Oriente, englobando a Coluna do Norte e a Coluna do Sul, como Ocidente.

Na minha opinião, conforme procuro demonstrar no desenho *ao lado*, a Coluna do Norte encontra-se à esquerda, a Coluna do Sul, à direita, entre elas o Centro do Templo e após as colunas Papiriformes, o Ocidente.

A região central do Templo é estabelecida pelas diagonais direcionadas dos quatro cantos que se cruzam no meio. O Centro simboliza o princípio absoluto onde o centro dos centros é Deus.

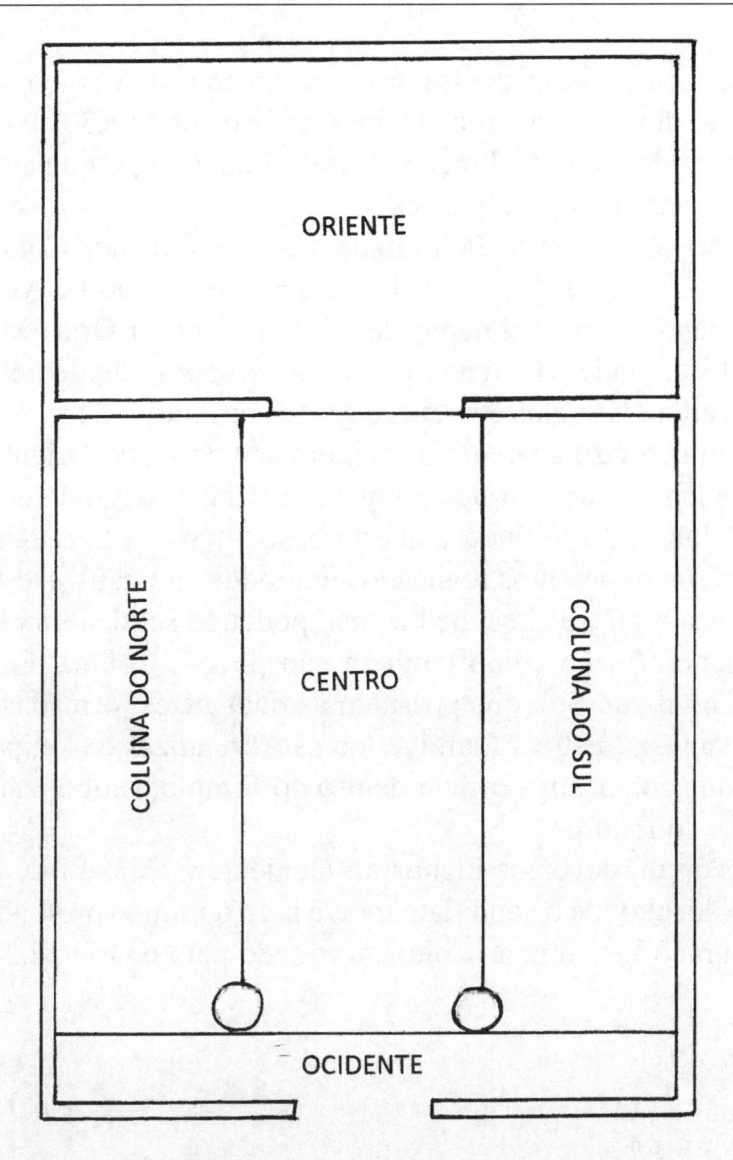

```
┌─────────────────────────┐
│                         │
│        ORIENTE          │
│                         │
├──┐                   ┌──┤
│  │                   │  │
│ C│                   │C │
│ O│                   │O │
│ L│                   │L │
│ U│      CENTRO       │U │
│ N│                   │N │
│ A│                   │A │
│  │                   │  │
│ D│                   │D │
│ O│                   │O │
│  │                   │  │
│ N│                   │S │
│ O│                   │U │
│ R│                   │L │
│ T│                   │  │
│ E│ ○               ○ │  │
│  │                   │  │
│       OCIDENTE          │
└──┘                   └──┘
```

Nos Templos Maçônicos a ajuda do G∴A∴D∴U∴ é evocada no Altar dos Juramentos por meio da abertura do Livro da Lei. Esse ponto é a manifestação do desejo individual e coletivo (egrégora), ajudado pelo poder sobre-humano que se transforma no ponto de união entre o desejo e o poder, representando em nosso microcosmo o centro do mundo, que em inúmeras civilizações se denomina o umbigo da Terra.

A criação se expressa nas sete direções do espaço: acima, abaixo, direita, esquerda, adiante, atrás e em direção ao centro, objetivo de todas as direções, representando o ponto para onde convergem todas as atenções.

Na área central delimitada entre o Oriente, Coluna do Norte, Coluna do Sul e Ocidente, onde se encontra o Altar dos Juramentos e o Pavimento de Mosaico com a Orla Dentada, é o local onde são feitas as circunvoluções ritualísticas que eram adotadas pelos egípcios e gregos na Antiguidade, para demonstrar o giro aparente do Sol em seu curso do Oriente para o Ocidente. Também nessa região, a Palavra Sagrada é levada às Colunas, permitindo a abertura do Livro da Lei, além dos inúmeros juramentos realizados em todos os Graus. Desta forma, esta região é cheia de luz, não podendo ser denominada de Ocidente. Assim como também não pode a Coluna do Norte e a Coluna do Sul, que possuem as duas luzes formadas pelos Vigilantes, a Estrela Flamigera e os Aprendizes e Companheiros, que começam a brilhar dentro do Templo, simbolizando as Luzes do Futuro.

Porém, devemos incluir no Ocidente a Câmara de Reflexões, local onde o candidato morre para o mundo profano, para procurar a luz entre as Colunas, voltado para o Oriente.

As Colunas Zodiacais

A Astrologia constitui a linguagem científica mais antiga da humanidade. Acredita-se que tenha surgido há mais de 4 mil anos, provavelmente na Babilônia (caldeus, sumerianos, assírios), tem influenciado o pensamento de todas as culturas e seus pictogramas permanecem à disposição nos dias atuais. Segundo inúmeros estudiosos, a Astrologia teve uma enorme influência em todas as épocas, representando o mais avançado movimento intelectual do passado, sendo anterior a todas as ciências.

Embora tenha sido perseguida através dos tempos por causa das ligações relacionadas às superstições, continua ativa, mantendo os seus princípios e pacientemente se desvencilhando de sua fama de arte adivinhatória para se firmar como Ciência. Atualmente a Ciência Astrológica é reconhecida mundialmente e encontra-se presente em universidades no Brasil e no mundo.

Quando o ser humano acordou para o Universo, ficou impressionado com suas dimensões e maravilhado com o Sol, a Lua, os planetas e as estrelas. Em suas observações noturnas dos corpos celestes no firmamento ficou curioso com seus movimentos regulares e percebeu que os astros mudavam de posição em relação ao nascer do Sol, e que após determinado tempo voltavam ao mesmo ponto do firmamento observado anteriormente. Verificaram também que certos grupos de estrelas nasciam logo acima do horizonte, imediatamente antes do nascer do Sol (nascimento helíaco), e que esse fato se repetia em períodos que correspondiam a acontecimentos importantes da vida anual, como o nascimento de crias nos rebanhos, a ocorrência de chuvas em épocas regulares, a germinação das culturas sazonais e vários outros acontecimentos em suas vidas.

Por causa de todas as suas observações, que se tornaram cada vez mais complexas, começou a registrar os fatos astronômicos que se tornaram importantes, podendo fornecer orientação em suas atividades. Quando um grupo de estrelas precedia o nascer do Sol, ou era hora de plantar ou levar os rebanhos para outras pastagens, ou era tempo de cruzar os animais. Com o tempo passou a identificar esses grupos de estrelas com nomes próprios que se relacionavam com suas atividades cotidianas.

ÁRIES – Os criadores de gado de pequeno porte observavam a correspondência entre a volta da primavera, a transformação dos pastos e o aumento dos rebanhos.

TOURO – Oriundo dos criadores de gado de grande porte da Ásia Menor.

GÊMEOS – Este signo é encontrado em textos cuneiformes para os semitas do norte, em que um dragão bicéfalo se transformava em dois homens.

CÂNCER – Primeiro representava a mistura de um dragão macho com cabeça de abutre e de uma fêmea com cabeça de leão, mudando para a imagem de um lagostim e, posteriormente, um caranguejo.

LEÃO – Na Babilônia, era relacionado ao demônio, passando em seguida a representar um animal real, símbolo dos reis da Mesopotâmia.

VIRGEM – Relacionado ao conceito matriarcal que dominou o mundo mediterrâneo. A deusa da fertilidade era uma virgem que na Babilônia era cultuada sob o nome de Ishtar.

LIBRA – Correspondia ao guardião da balança ligado aos mercadores da Mesopotâmia.

ESCORPIÃO – Animal temido na Babilônia por ter provocado a morte de vários reis. Na Acádia, recebia o nome de Girtab (aquele que morde).

SAGITÁRIO – Os babilônios o representavam como uma figura híbrida; os gregos o consideravam um centauro.

CAPRICÓRNIO – Na Mesopotâmia, era um ser duplo, com formato de peixe-cabra; posteriormente os gregos o consideravam apenas uma cabra.

AQUÁRIO – Na Babilônia, representava um homem ajoelhado, vertendo água de uma ânfora.

PEIXES – Oriundo dos pescadores dos rios Tigre e Eufrates, que observavam a correspondência entre a constelação e a época da desova nos rios.

Os signos relacionados quanto às atividades eram classificados da seguinte forma:

- Os três reprodutores dos rebanhos –Touro, Capricórnio (bode) e Áries (carneiro).
- Os três inimigos dos rebanhos e dos pastores – Leão, Escorpião e Câncer (caranguejo).
- Os três auxiliares dos pastores – Sagitário (defensor arqueiro), Aquário (carregador de água) e Libra (guardião da balança).
- Os três valores da comunidade – Virgem (símbolo matriarcal), Gêmeos (bênção dos deuses) e Peixes (alimentação).

Os sacerdotes caldeus elaboraram a primeira noção de zodíaco ao observar que o Sol e a Lua cruzavam sempre as mesmas constelações em uma faixa celeste que denominaram de "Caminho de Anu"; os sumérios chamavam de Na, que significa Céu.

As previsões serviam de guia na agricultura, identificavam as épocas das cheias dos rios e outros fenômenos naturais, sendo posteriormente estendidas às guerras.

Documentos referentes ao reinado do Sargão da Acádia (2870 a.C.) nos mostram previsões feitas com base no movimento do Sol e da Lua, planetas, dos cometas e outros fenômenos.

No reinado de Assurbanipal, rei assírio que governou por volta do século VII a.C., encontramos as mais antigas efemérides (tábuas astronômicas que indicam diariamente a posição dos planetas), o que demonstra que naquela época o conhecimento dos ciclos dos planetas era suficiente para elaborar tábuas de seus movimentos, embora a observação não fosse baseada no cálculo, mas na órbita fixa ou em cada planeta movendo-se com a mesma velocidade reativa. Posteriormente os gregos introduziram o uso da Geometria na Astrologia utilizando o astrolábio, que era um instrumento usado para o cálculo das altitudes dos corpos celestes.

Em todas as épocas encontramos referências a astrólogos famosos. No antigo Egito, o faraó Ramsés II, que governou possivelmente no período de 1301 a 1235 a.C., era um estudioso de Astrologia. Alguns pesquisadores afirmam que ele foi o responsável pela determinação dos signos cardinais – Áries, Libra, Câncer e Capricórnio, sendo o fundador da maior e mais famosa biblioteca egípcia.Também nos vem do Egito a divisão do signo em três decanatos e com uma estrela fixa governando-o. Era o que se denominava horoscopia e sevira para medir o tempo entre o povo, lembrando que o calendário egípcio já era de 12 meses de 30 dias mais cinco suplementares.

O primeiro livro astrológico moderno, o *Tetrabiblos*, é atribuído ao astrônomo, matemático e geográfico Cláudio Ptolomeu, nascido em Alexandria. Seus trabalhos datam do período entre 150 e 180 d.C. e estabelecem os princípios da influência cósmica que constituem as bases da moderna Astrologia. Para ele, a Terra ocupava o centro do Universo, com o Sol, a Lua, Mercúrio, Marte,Vênus, Júpiter e Saturno movendo--se a seu redor, cada qual em um círculo perfeito, dentro de uma esfera exterior sólida, à qual se fixavam as estrelas.

Por meio da influência grega e de Ptolomeu, os planetas, casas e signos do Zodíaco foram racionalizados e tiveram suas funções determinadas de tal maneira que chegou até nossos dias.

Com o passar do tempo, os romanos foram abandonando o método de predição do futuro por meio dos augúrios (o sacerdote romano tirava os presságios do canto e do voo das aves) e foram evoluindo em direção à Astrologia.

Na época de Tibério Augusto, a Astrologia teve um grande desenvolvimento pelo astrólogo Nigilius Figulus. A Astrologia passou a ter uma enorme importância em Roma e, segundo escritos da época, existiam pessoas que não apareciam em público, não jantavam ou se banhavam sem antes consultar as efemérides.

Na Roma imperial, os astrólogos estiveram sujeitos aos caprichos do imperador do momento. A Astrologia era consultada pelo povo e pelos imperadores, inclusive Augusto cunhou moedas com seu signo, mas se por um lado com Tibério foi exaltada, com Cláudio foi banida, pois ele preferiu os augúrios, e com a decadência do império romano a Astrologia caiu para o estado de superstição.

Com o advento do Catolicismo, a relação com a Astrologia sempre estabeleceu uma posição ambígua, pois de um lado o clero não podia negá-la, porque fazia parte do acervo cultural que tinha recebido, como as referências astrológicas dos Reis Magos no evangelho de Lucas e do Apocalipse. Por outro lado, vários Consílios a condenaram e a proibiram, fato que nem sempre foi obedecido, pois vários papas adotaram práticas astrológicas.

Sisto IV (1414-1484) foi o primeiro papa a fazer interpretar um horóscopo. O Papa Júlio II consultou um astrólogo para ajudá-lo a escolher o dia mais propício para sua coroação; seu sucessor Leão X mantinha na corte papal um grupo de astrólogos para seu aconselhamento.

No início da Idade Média, os teólogos enfrentaram o grave problema de classificar a Astrologia como ciência ou como arte divinatória proibida. Coube a Santo Alberto Magno (1200-1280) a tarefa de separar a Astrologia das associações a ela impostas, pois percebeu seu valor teológico. Afirmou que, embora as estrelas não pudessem influenciar a alma humana, elas poderiam influenciar o corpo e a vontade dos homens.

São Tomás de Aquino (1225-1274), considerado o maior dos teólogos cristãos, consolidou a obra de Alberto afirmando que na sua visão do Universo podia ser uma complementação da doutrina cristã.

Por causa do exemplo dado pelos papas, várias cortes da Europa adotaram a Astrologia. Na Inglaterra, a rainha Elizabeth I aconselhava-se com o famoso John Dee (1527-1608), que anteriormente tinha sido perseguido e preso no reinado da rainha Mary por ter comentado o horóscopo desta com Elizabeth, que em 1558, ao se tornar rainha, conduziu-o à corte onde gozou de grande prestígio. Seus cálculos astrológicos tiveram uma influência profunda na política europeia da época.

Na corte Francesa temos a grande influência de Nostradamus (1503-1566), que previu a morte de Henrique II quatro anos antes do fato, que o tornou impopular chegando a ser acusado de bruxaria.

Catarina de Médicis, viúva do rei, porém, continuou a protegê-lo até a sua morte. Existiu também um indivíduo denominado Morin, que foi astrólogo pessoal de Richelieu.

Podemos citar, no entanto, astrônomos como Copérnico e Galileu, que se dedicavam à Astrologia e foram perseguidos pela Inquisição em consequência da teoria do heliocentrismo, pois embora a Igreja tolerasse as formas simbólicas e proféticas da Astrologia, sentia-se ameaçada pela nova onda dos pensadores astrônomos.

Na Dinamarca temos Tycho Brahe, que fez várias observações sobre as posições dos planetas, principalmente Marte, tornando-se matemático na Boêmia, na corte do Sacro Império, sob Rodolfo II, tendo como discípulo Kepler. Posteriormente podemos citar Newton, Laplace, Leibnitz e Einstein como matemáticos e conhecedores da Astrologia.

Embora homens como Copérnico, Kepler e Newton, por causa de suas posições racionalistas, tenham sido responsabilizados pelo declínio da Astrologia no século XIX estavam sintonizados com o pensamento e o potencial da moderna Astrologia. Na verdade, foi mais prejudicial à Astrologia a destruição da cultura humanística pelas doutrinas positivistas, de Conte do que a Inquisição, pois a Astrologia trazia do passado uma tradição não revisada e autoritária, e as teorias racionalistas deixavam-na sem base científica para a cultura da época.Como consequência do raciocínio positivista, nasceu a Psicanálise.

O Positivismo era uma escola filosófica com caráter social e a psicanálise adotou as doutrinas positivistas e as colocou no campo da introspecção e clínica, originando novas escolas.

No surgimento das novas teorias psicológicas, a Astrologia encontrou uma grande aliada. A ênfase jornalística, de outro lado, promovendo o conhecimento astropsicológico, deu origem a autores de importância: de Kraft (Alemanha), Barbaul (França), Charles Carter e Raphael (Inglaterra) a Evangeline Adans, Rudhyar e Stephen Abroyo (Estados Unidos).

A Astrologia se beneficiou com os modernos conhecimentos da Psicologia e da Computação, o que facilitou os trabalhosos cálculos.

O zodíaco, do grego *zodiakos* ("ciclo de animais"), é uma faixa celeste imaginária que se estende de 8 a 9 graus em cada lado da eclíptica e que com esta coincide de certo modo. Ambas são medidas a começar do equinócio da primavera no Hemisfério Norte sob o signo de Áries, primeiro signo do zodíaco a zero grau da eclíptica. Contém 12 constelações, ou signos, de 30 graus cada uma, as quais o Sol aparentemente percorre durante o ano.

Em razão da lenta e contínua precessão dos equinócios, os signos não ocupam sempre os mesmos lugares zodiacais e sofrem uma deslocação retrógrada no sentido Oriente-Ocidente na proporção de 50 segundos por ano, que corresponde a um grau a cada 72 anos lunissolares, 30 graus a cada 2160 anos lunissolares e 360 graus em 25920 anos lunissolares, período em que as constelações retornam às suas casas originais e têm início a um novo ciclo de igual período. Cada um é denominado, na Astrologia, de Grande Ano. Esse período é constituído por 12 Grandes Meses, em que cada mês corresponde a uma duração aproximada de 2 mil anos. Dessa forma um Grande Mês corresponde a uma era regida por um dos 12 signos que se seguem em sentido decrescente.

ERA DE LEÃO – (de 10000 a.C. a 8000 a.C.)

É a mais antiga da qual se tem conhecimento. Governada pelo signo de Leão, cujo astro regente é o Sol, marcou um período de criação em que o homem começou a cultivar e a criar animais, adquirindo meios para um rápido progresso. Tem início o período Neolítico.

ERA DE CÂNCER – (de 8000 a.C. a 6000 a.C.)

Sob o governo de Câncer, signo da maternidade e do lar, regido pela Lua (Mãe Universal), o princípio feminino se estabelece e a humanidade se estrutura socialmente por meio da família.

ERA DE GÊMEOS – (de 6000 a.C. a 4000 a.C.)

Foi uma era de grande atividade intelectual. Governada por Gêmeos e regida por Mercúrio, o representante do intelecto, o homem introduziu a escrita, dando início à História.

ERA DE TOURO – (de 4000 a.C. a 2000 a.C.)

Representou um período de florescimento de grandes civilizações, como a egípcia, em que surgiram cidades importantes, como Tebas e Menfis, onde era cultuado Ápis, o touro sagrado.

ERA DE ÁRIES – (de 2000 a.C. a 0)

Regida por Marte (deus da guerra), foi um período de grande atividade bélica, com muitas invasões. Como exemplo marcante temos o antigo território da Grécia, invadido pelos jônios e dórios, que junto com os antigos habitantes criaram a cultura grega.

ERA DE PEIXES – (de 0 a 2000 d.C.)

Regido por Peixes, signo da fé, da compaixão, do espírito e do misticismo, esse período viu surgir o Cristianismo sendo caracterizado como o período dos pescadores de homens.

ERA DE AQUÁRIO – (de 2000 d.C. a 4000 d.C.)

Esta era que se iniciou no ano 2000 será caracterizada pelo humanitarismo, podendo ocorrer a ligação da Ciência com o homem. Por meio das descobertas científicas ligadas às verdades eternas, a vontade de mudar e criar, aliada à preocupação com o futuro, poderá transformar o mundo tornando-o feliz e próspero.

Existem também as energias voltadas à qualidade e movimento denominadas Cardinal, Fixa e Mutável, que abrigam signos de acordo com o que segue abaixo:

- Cardinal – É a energia iniciadora e ativa. Diante de um obstáculo, as pessoas Cardinais tentam fazer algo, pois suas energias são voltadas para fora, para a solução de problemas.
- Signos Cardinais e suas qualidades:
- Áries – iniciativa pessoal
- Câncer – iniciativa em relação às emoções e sentimentos
- Libra – iniciativa ao lidar com outras pessoas
- Capricórnio – iniciativa profissional
- Fixa – É a energia conservadora. Está ligada à resistência ao surgir um obstáculo. Os Fixos esperam e enfrentam,

pois suas capacidades são voltadas para dentro, resistindo, exteriormente, aos fatos.
- Signos Fixos e suas qualidades:
- Touro – conserva valores pessoais, buscando estabilidade
- Leão – conserva a personalidade pela firmeza pessoal
- Escorpião – conserva sensações, intuições e sentimentos
- Aquário – conserva ideias e diferenças
- Mutável – É a energia da mudança e adaptação. Os Mutáveis vão sempre de uma direção à outra, buscando ideias novas e reaproveitando o existente. O Mutável nem inicia nem resiste diante de um obstáculo, ele contorna.
- Signos Mutáveis e suas qualidades:
- Gêmeos – mente sempre em mutação
- Virgem – busca o aperfeiçoamento
- Sagitário – em busca de novas metas a serem atingidas
- Peixes – sentimentos e sensações em eterna mutação

Nos Templos Maçônicos, as energias Cardinal, Fixa e Mutável se localizam nas colunas zodiacais da seguinte forma:

Virgem – Mutável	Balança – Cardinal
Leão – Fixa	Escorpião – Fixa
Câncer – Cardinal	Sagitário – Mutável
Gêmeos – Mutável	Capricórnio – Cardinal
Touro – Fixa	Aquário – Fixa
Áries – Cardinal	Peixes – Mutável

Esse posicionamento nos mostra o equilíbrio existente entre as forças.

Também encontramos o equilíbrio com relação à polaridade dos princípios antagônicos feminino e masculino.

Virgem – feminino	Balança – masculino
Leão – masculino	Escorpião – feminino
Câncer – feminino	Sagitário – masculino

Gêmeos – masculino   Capricórnio – feminino
Touro – feminino   Aquário – masculino
Áries – masculino   Peixes – feminino

Encontramos as influências astrológicas relacionadas ao microcosmo por meio dos quatro elementos e das quatro regras de conduta dos maçons.

- Quatro regras de conduta

Calar – Terra quadrante da primavera
Querer – Fogo quadrante do verão
Ousar – Ar quadrante do outono
Saber – Água quadrante do inverno

- Quatro elementos

Fogo – representa a intuição e ilumina a escuridão, não tem forma nem tamanho, é volátil e imprevisível, corresponde também ao espírito.

Terra – representa a sensação e a percepção das coisas de acordo com a realidade, é prática, objetiva, concreta e teme a desordem.

Ar – relaciona-se ao pensamento, à elaboração das ideias, ao raciocínio, à abstração e à vontade de ser único.

Água – ligada ao sentimento, à vida emocional, possuindo instinto de fertilidade e mediunidade.

Nos Templos Maçônicos os quatro elementos se localizam nas colunas zodiacais da seguinte maneira:

Virgem – Terra   Balança – Ar
Leão – Fogo   Escorpião – Água
Câncer – Água   Sagitário – Fogo
Gêmeos – Ar   Capricórnio – Terra
Touro – Terra   Aquário – Ar
Áries – Fogo   Peixes – Água

Além das correspondências zodiacais apresentadas, podemos citar as referentes às cores, pedras e natureza humana, de acordo com o seguinte:

SIGNOS	CORES	PEDRAS	NATUREZA HUMANA
Áries	vermelho fogo	calcedônia	aspiração
Touro	verde sombrio	esmeralda	integração
Gêmeos	marrom	sárdonix	vivificação
Câncer	prata	sardônia	expanção
Leão	ouro	crisólita	intrepidez
Virgem	multicor	berilo	adaptação
Balança	verde-água	topázio	equilíbrio
Escorpião	vermelhão	crisoprásio	criatividade
Sagitário	azul-celeste	jacinto	administração
Capricórnio	preto	ametista	discernimento
Aquário	cinza	jaspe	lealdade
Peixes	azul-marinho	safira	compreensão

OS SIGNOS ZODIACAIS NA MAÇONARIA

ÁRIES

De 21/3 a 20/4 – Fogo – Marte – Masculino – Cardinal. É o primeiro signo do Zodíaco e corresponde à primavera no Hemisfério Norte. As pessoas nascidas em Áries são fogosas e impetuosas. No corpo humano simboliza a cabeça e a infância. Na Maçonaria, é o ardor iniciático em busca da iniciação.

TOURO

De 21/4 a 20/5 – Terra – Vênus – Feminino – Fixo. Touro imprime ao Sol uma conduta estável propícia à cautela e à perseverança. No corpo humano simboliza a boca e o pescoço. Na Maçonaria, tem início a elaboração interior, o recipiendário é admitido às provas.

GÊMEOS

De 21/5 a 20/6 – Ar – Mercúrio – Masculino – Mutável. Sendo um elemento do Ar, o geminiano se comunica com facilidade, e por ser duplo possui o desejo de possuir as coisas em dobro. No corpo humano simboliza os braços, as pernas, as orelhas e os pulmões. Na Maçonaria, a vitalidade construtiva conduz o neófito a receber a luz.

CÂNCER

De 21/6 a 21/7 – Água – Lua – Feminino – Cardinal. Simboliza o lar, rege a vida, são calados, sabem guardar segredos e não falar quando não devem. No corpo humano representa o estômago. Na Maçonaria, o iniciado assimila os ensinamentos.

LEÃO

De 22/7 a 22/8 – Fogo – Sol – Masculino – Fixo. É um signo da alegria, das festas, dos filhos e das obras do bem viver. No corpo humano representa o sistema cardiovascular. Na Maçonaria, tendo completado sua tarefa construtiva, julga internamente as ideias assimiladas.

VIRGEM

De 23/8 a 22/9 – Terra – Mercúrio – Feminino – Mutável. Simboliza o emprego, os empregados e a criança. Os virginianos conservam o rosto mais jovem. No corpo humano governa os intestinos e a saúde em geral. Na Maçonaria, o iniciado começa o trabalho de desbastar a Pedra Bruta.

BALANÇA

De 23/9 a 22/10 – Ar – Vênus – Masculino – Cardinal. Signo relacionado às leis, aos contratos de longa duração e à luta. No corpo humano, relaciona-se com a beleza. Na Maçonaria, o Companheiro inicia seu desenvolvimento.

ESCORPIÃO

De 23/10 a 21/11 – Água – Marte – Feminino – Fixo. Possui a resistência e a capacidade de lutar por seus objetivos sem esmorecer. No corpo humano simboliza os órgãos genitais. Na Maçonaria, os Companheiros ferem Hiram.

SAGITÁRIO

De 22/11 a 21/12 – Fogo – Júpiter – Masculino – Mutável. Período ligado às religiões e às viagens longas. No corpo humano simboliza as pernas até os joelhos. Na Maçonaria, os obreiros se dispersam à procura do corpo de Hiram.

CAPRICÓRNIO

De 22/12 a 20/1 – Terra – Saturno – Feminino – Cardinal. Simboliza perseverança, lentidão, insegurança, ambição e disciplina. No corpo humano está relacionado aos joelhos. Na Maçonaria, o túmulo de Hiram é descoberto.

AQUÁRIO

De 21/1 a 19/2 – Ar – Saturno – Masculino – Fixa. Signo ligado à liberdade e às novidades, principalmente científicas e eletrônicas. No corpo humano relaciona-se com a cabeça. Na Maçonaria, é formada a cadeia para tentar ressuscitar Hiram.

PEIXES

De 20/2 a 20/3 – Água – Júpiter – Feminino – Mutável. Relaciona-se principalmente com o Cristianismo (os bispos usam como chapéu o formato da cabeça de um peixe) e o sofrimento alheio, principalmente com idosos e crianças. No corpo humano está ligado aos pés. Na Maçonaria, Hiram é levantado e a palavra perdida é encontrada.

O Pavimento de Mosaico e a Orla Dentada

O Pavimento de Mosaico é um ornamento localizado no centro do Templo, composto de ladrilhos quadrados alternados na cor branca e preta, ligados pelo mesmo cimento místico que simboliza a união de todos os maçons, independentemente das diferenças de cor, opiniões políticas, credos religiosos, posições sociais, etc.

No passado, o pavimento era desenhado no chão. Com o passar do tempo foram feitos tapetes que eram desenrolados antes do início dos trabalhos. Essas duas alternativas também foram utilizadas em momentos em que a Maçonaria foi perseguida. O desenho era apagado no fim dos trabalhos e o tapete, escondido.

O Pavimento de Mosaico representa a polaridade positiva e negativa da natureza, na qual os dois polos podem significar o bem e o mal, em que o ladrilho branco simboliza a alma pura do iniciado e o preto, os vícios e as paixões do profano.

Mas devemos considerar que a polaridade é a relação do contraste entre dois princípios antagônicos que mutuamente se complementam, formando uma unidade. Na China antiga a ordem cósmica se baseava na ideia do Germe Original desdobrado em duas partes opostas interligadas: *Yin* e *Yang*. Dessa forma, a união dos contrários em um todo ordenado pode representar a harmonia que deve ser estabelecida entre o corpo e a alma ou entre o material e o espiritual.

A simbologia do Pavimento de Mosaico pode ser encontrada no conceito de "constantes opostas", desenvolvido pelo pensador grego Heráclito, nascido em Êfeso, cidade da Jônia no período de 540 a.C. a 480 a.C. Para ele, tudo que existe está em constante movimento e nada dura para sempre; tanto o bem quanto o mal são necessários, pois se não ficássemos doentes, não conheceríamos a força da saúde; se não houvesse guerra, não conheceríamos o valor da paz, etc.

Alguns manuais maçônicos indicam que o Pavimento de Mosaico deve ter os ladrilhos em forma de losango e não em forma de quadrado como nos tabuleiros de xadrez. Devemos levar em consideração que a forma do losango está ligada ao lado feminino, possuindo um sentido erótico relacionado à vulva. Com relação à forma quadrada, o simbolismo envolve a Terra, e com relação ao tabuleiro de xadrez, encontramos uma simbologia interessante, pois os jogos de tabuleiro são conhecidos desde a Antiguidade. Seus primeiros registros foram encontrados em pinturas localizadas em Mastabas (túmulos) por volta de 3100 a 2700 a.C., no Egito, embora existam autores que informam que o tabuleiro é originário da Índia.

Ao chegar à Pérsia, o tabuleiro foi adaptado às novas variedades do xadrez. No século X chegou à Europa e adquiriu o formato atual, sendo utilizado também no jogo de damas. Em 1250, foi publicada uma moralidade (conceito) chamada *Quaedam Moralitas de Scallario per Innocentium Papum* (a moralidade inocente), que retratava o mundo como um tabuleiro, cujo quadriculado em preto e branco denotava duas condições de vida e morte ou louvor e censura, aos quais as peças, simbolizando a humanidade, se enfrentariam nas adversidades do jogo, representando a vida. Por outro lado, o formato em losango não combina esteticamente com a Orla Dentada.

Também encontramos em alguns manuais maçônicos a informação de que o Pavimento de Mosaico deve ocupar todo o espaço do Templo após o Oriente, o que não fica bom, pois os quadrados ficam embaixo dos assentos e o piso com várias elevações, principalmente na mesa dos Vigilantes, onde dificulta a harmonia. O Pavimento de Mosaico fica mais bonito quando localizado no Centro do Templo, ocupando um espaço quadrangular, que vai da porta de entrada às escadas do Oriente, ladeado pelas Colunas Norte e Sul.

A etimologia do termo mosaico vem do grego *mouseion,* museu, Templo das Musas e das Artes, não devendo ser confundido com o adjetivo "mosaico", relativo a Moisés.

Embora para muitos o Pavimento de Mosaico seja um ornamento com um significado restrito, devemos considerar que em cima dele está localizado o Altar dos Juramentos, onde se realizam inúmeras cerimônias, como também sobre ele são feitas as viagens dos Aprendizes, Companheiros e Mestres. É também o local onde são realizadas as circunvoluções ritualísticas que levam a Palavra Sagrada aos Vigilantes, passando por todos os antagonismos da vida para proporcionar harmonia do início ao fim dos trabalhos em nome do G∴A∴D∴U∴.

A Orla Dentada é também denominada Borla Dentada e Borla Marchetada. Ela circula o Pavimento de Mosaico e possui várias interpretações interessantes.

No início do século XVIII, o Pavimento de Mosaico era desenhado com giz no chão e no seu contorno era colocada uma corda pesada ornamentada com borlas, recebendo o nome de Borla Dentada. Quando posteriormente era marchetada ou entalhada, passava a ser chamada de Borla Marchetada. Por último, recebeu o nome de Orla por causa do significado de contorno, beira, etc.

Existem inúmeros significados atribuídos à Orla Dentada, dentre os quais podemos destacar os seguintes: emblema do laço fraternal que nos une como verdadeiros Irmãos, pois ela contorna todo o pavimento, atingindo os Irmãos em todas as regiões; símbolo da espiritualização pela individualidade que se une em torno do mesmo ideal; círculo de proteção dos obreiros, formado pelos triângulos pontiagudos que lembram dentes afiados ou pontas de armas; os planetas que gravitam ao redor do Sol.

A Orla Dentada ornamenta e completa o Pavimento de Mosaico, fornecendo um sentido de expansão controlada que corresponde à vida em movimento.

O Pavimento de Mosaico sem a Orla Dentada apresenta uma forma estática semelhante a um tabuleiro de xadrez sem peças.

A CORDA DE 81 NÓS

A corda está ligada ao simbolismo de ascensão, representando um desejo de subir. Quando possui nós, simboliza virtudes secretas ou mágicas. Nos hieróglifos egípcios, a corda com nó representa a existência de um indivíduo, o símbolo de uma corrente de vida, cujo exemplo marcante está representado pelo nó de Ísis, um símbolo de imortalidade.

Segundo as tradições populares, desfazer um nó corresponde a uma crise ou morte, mas também pode significar uma solução ou libertação, podendo representar o poder de ligar e desligar, como também a união de dois seres.

Buda nos fala em desfazer os nós do Ser ou as amarras internas que não permitem a evolução; mas é preciso lembrar que os nós feitos em uma determinada ordem só podem ser desfeitos na ordem inversa.

Encontramos nas práticas mágicas inúmeros tipos de nós e de laços, e podemos classificar os mais importantes, de acordo com os seguintes aspectos:

1 – Laços Mágicos – Utilizados contra os adversários nas feitiçarias.

2 – Laços e Nós Benéficos – Utilizados como meio de defesa contra demônios, animais selvagens, doenças e morte.

3 – Laços e Nós da Sorte – Utilizados para promover a sorte e os sortilégios.

Em algumas religiões é proibido aos homens e às mulheres usarem qualquer tipo de nó em determinados períodos considerados críticos, como gravidez, casamento e morte.

Nas tradições islâmicas, o nó é um símbolo de proteção, embora ao peregrino que se dirige à Meca não é permitido ter nenhum nó em suas roupas.

Nos Templos Maçônicos, a Corda de 81 Nós aparece como um dos mais misteriosos símbolos, não existindo relatos sobre sua origem e seu significado. Ela se localiza no alto das paredes junto ao teto, acima das Colunas Zodiacais, dando a volta no Templo até a porta de entrada onde termina em duas borlas.

Existem duas configurações com relação ao tipo de nó. Uma delas utiliza uma corda com os nós fechados e a outra uma estilização em forma de laços (geralmente feita de gesso), em que estes se apresentam como o número oito deitado, que em matemática representa o infinito.

Alguns autores informam que existe uma relação entre a Corda de 81 Nós e o antigo cordel de marcação, utilizado pelos egípcios e pelos Maçons Operativos para marcarem os edifícios, cujo perímetro determinava os limites da obra, originando os Landmarks que representam os limites estabelecidos pela Ordem.

A configuração dos laços ou nós é semelhante à posição dos Irmãos na Cadeia de União, o que em primeira análise nos leva a deduzir que podem significar os laços de fraternidade que os unem como verdadeiros Irmãos.

Como símbolo de união, a corda é formada por várias fibras trançadas que, separadas, são fracas, mas unidas são fortes, e os nós ou laços estão ligados pela corda ao mesmo princípio, o que reforça a tese de união.

Com relação aos laços, existem referências de que, quando foram construídos os primeiros Templo Maçônicos, existiam os "Laços do Amor", que possuíam inúmeros significados e, como foram moda na época poderiam ter influenciado a Maçonaria Especulativa, no sentido de optar por eles.

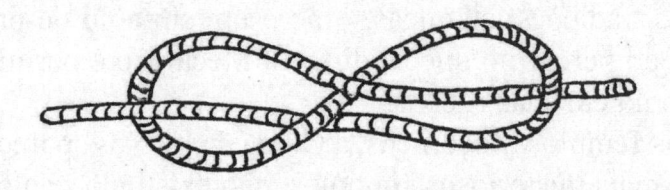

O nó central da Corda de 81 Nós deve estar acima do trono do Venerável Mestre e acima do Delta Luminoso, o que possui o olho onividente (o que tudo vê), ficando de cada lado 40 nós. O número 40 é considerado o número da espera, da preparação, da provação ou do castigo. Esse número se caracteriza por acontecimentos ligados à intervenção de Deus relatados na Bíblia. David reina por 40 anos (II Samuel 5.4); Salomão também.

(I Reis – 11:42); 40 dias e 40 noites durou o dilúvio (Gênesis – 7: 4); 40 dias e 40 noites passou Moisés no monte Horeb no Sinai (Êxodo 34:28); Jesus aparece a Seus discípulos durante o período de 40 dias que precedem a Ascensão (Atos 1:3). Mas o número 40 também se relaciona à provação ou castigo; os hebreus infiéis são condenados a errar 40 anos no deserto (Números 32:13).

Esse número marca a existência de um ciclo de ação e de vida. Buda e o Profeta teriam começado a pregação com 40 anos.

O número 40 também se relaciona com a quarentena fúnebre e o período de resguardo, um ciclo da vida ou de não vida.

Com relação aos 81 nós, acredito que esse número esteja relacionado às batidas do Grau de Mestre: 3 x 3 x 3 = 27 na mesa do Venerável, 27 na mesa do Primeiro Vigilante e 27 na mesa do Segundo Vigilante.

Alguns autores acreditam que o número de nós se originou da lenda de Hiram, que, segundo eles, foi assassinado aos 81 anos de idade.

Existe outro fato interessante a respeito desse número que no grau quatro da Maçonaria Filosófica (Mestre Secreto), a idade do Primeiro Vigilante é 3 x 27 ou 81 anos.

Com relação à abertura da corda em torno da porta de entrada do Templo, formando duas borlas, acredito que se refere à possibilidade de entrada de novos Irmãos e evidentemente de novas ideias que venham a contribuir para a evolução do homem em benefício da humanidade, que é o principal objetivo maçônico – muito embora também possa ser um alerta para que as Lojas não ultrapassem o número de 81 Irmãos, pois quando as Lojas crescem em demasia os problemas aparecem.

O ALTAR DOS JURAMENTOS

Encontramos vestígios de altares entre a maioria dos povos antigos, que os utilizavam para oferecerem sacrifícios às suas divindades.

A palavra Altar vem do latim *Altare*, de *Altus*, *Altarium* e *Ara*, mesa de sacrifícios. A ara dos sacrifícios era sempre colocada em lugares naturais elevados, como uma colina, ou artificiais, como uma elevação de terra, construída para essa finalidade. Com o tempo surgiram os Templos, que passaram a possuir locais destinados ao sacrifício em madeira ou pedra.

Encontramos a primeira referência bíblica a um altar em Gênesis, 8:20, quando Noé ofereceu um sacrifício a Deus após sair da arca. Logo em seguida, em Gênesis 12:7, o mesmo fato com relação à historia de Abraão.

Mas os Altares não se destinavam apenas aos sacrifícios. Encontramos em várias religiões da Antiguidade o costume de padres e fiéis caminharem ao redor do Altar, acompanhando o curso do Sol, do Oriente para o Ocidente (circunvolução), cantando poemas e hinos de glória destinados à Divindade. Também eram realizados casamentos, contratos solenes e juramentos, pois acreditavam que uma promessa feita perante o Altar se torna obrigatória.

O Altar é a ligação entre o macrocosmo e o microcosmo, um catalisador do Sagrado, representando o centro do mundo ou o centro da espiral que simboliza a espiritualização do Universo.

Como lugar sagrado, destina-se a venerar a Divindade, e o seu nível elevado simboliza o desejo de que a cerimônia atinja o plano celeste.

A Igreja Católica possui um altar em todos os locais onde celebra a missa, que representa a mesa da Santa Ceia, sobre a qual tem lugar a Eucaristia.

A Maçonaria possui dois altares em seus Templos: um denominado Altar dos Perfumes, que se localiza no Oriente, à frente da mesa do Venerável, e se destina à queima de incenso, e outro denominado Altar dos Juramentos, situado no Centro do Templo, no cruzamento das diagonais, o qual se destina a receber os juramentos dos iniciados e onde estão localizados em seu tampo o Livro da Lei, o Esquadro e o Compasso, ferramentas indispensáveis na cerimônia de abertura do Livro da Lei.

O Altar dos Juramentos deverá ser um móvel com tampo de metal dourado, e formato triangular, contendo, além do Livro da Lei, do Esquadro e do Compasso, um castiçal com três lâmpadas imitando velas, ou três castiçais ao lado do tampo, formando um triângulo com velas naturais. Convém esclarecer que as velas não representam sacrifícios, simbolizam a luz que ilumina as trevas.

O Esquadro e o Compasso são joias maçônicas que, sobrepostas de acordo com o Grau dos trabalhos, representam o símbolo máximo da Maçonaria, a ligação entre o macrocosmo e o microcosmo, a comunicação com a Divindade.

A cerimônia de abertura do Livro da Lei tem início com o recebimento da Palavra Sagrada pelos Diáconos, que viajam com seus bastões levando a palavra aos Vigilantes, assim como o Mestre de Cerimônias que, também com seu bastão, acompanha o Irmão que lerá um trecho do Livro de Lei e posicionará ao término da leitura, em cima do Livro aberto, o Esquadro e o Compasso. Essa parte da cerimônia se realiza com os bastões dos Diáconos apoiados no bastão do Mestre de Cerimônias, formando um triângulo.

Essa cerimônia liga o lado material ao espiritual, formado pelo tampo triangular do Altar (material) e o dossel triangular formado pelos bastões dos Diáconos e do Mestre de Cerimônias (espiritual), que vistos do alto formam dois triângulos sobrepostos.

A sobreposição dos triângulos também significa o equilíbrio entre o positivo e o negativo, o bem e o mal, o passivo e o ativo, e a máxima de Hermes Trismegisto: "O que está em cima é como o que está embaixo"

Após a leitura e o posicionamento do Esquadro e do Compasso, o Venerável procede à abertura dos trabalhos, invocando o auxílio do Grande Arquiteto do Universo. No fim dos trabalhos, a cerimônia se repete com o fechamento do Livro da Lei.

O Altar dos Juramentos possui um grande significado para a Maçonaria, pois além de permanecer em funcionamento durante o transcorrer dos trabalhos em todos os Graus e ser o responsável pela permanência da Divindade, é nele que os Aprendizes sacrificam suas vidas profanas e fazem seus juramentos para poderem receber a Verdadeira Luz e caminharem para longe das trevas rumo à espiritualidade.

O TETO DO TEMPLO

O Céu é o símbolo universal da crença em um ser divino, criador do Universo. É a manifestação direta da transcendência, do poder, da sacralidade e da perenidade.

O conceito de Céu está ligado à Astrologia, Astronomia, Cosmologia (ciência das leis gerais que regem o mundo físico), à Escatologia (doutrina sobre o que acontecerá no fim do mundo) e à Cosmogonia (sistema hipotético da criação do Universo), pois segundo as crenças antigas a criação do mundo teve início com a separação do Céu da Terra, embora existissem os que acreditavam em uma força superior unindo o Céu com a Terra, constituída por uma força superior, origem dos deuses celestes.

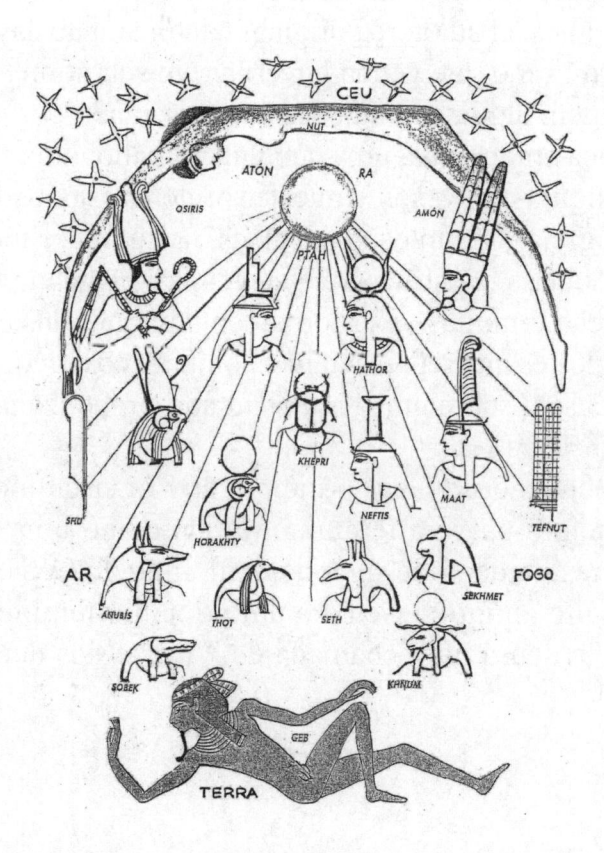

O fato de estar acima equivale a ser poderoso, e no sentido religioso, cheio de sacralidade, resultando em uma transcendência divina revelada pela impossibilidade de acesso.

O Céu é o símbolo complexo da ordem sagrada do Universo, que se revela pelo movimento regular dos astros.

Como regulador da ordem cósmica, o Céu acabou sendo considerado o pai dos reis e dos senhores da Terra, em que a passagem da transcendência à soberania resulta das fórmulas: Céu – Deus Criador – soberano ou Filho de Deus – benfeitor – rei. A hierarquia terrestre procura imitar a hierarquia celeste, em que o senhor institui o direito de dominar em nome do Céu, e será chamado de benfeitor, mesmo que cause a ruína de seu povo; de pai, mesmo que mate; e celeste, mesmo que se dedique aos vícios. Mas embora toda essa corrupção do símbolo do Céu seja praticada, sua força original continua inabalável, aguardando outro tirano que venha governar em seu nome.

O Céu em algumas tradições é representado por uma redoma, uma taça emborcada, uma cúpula, um pálio, uma sombrinha e algumas figuras convexas, o que deu origem às abóbadas encontradas em igrejas, Templos, mausoléus, nas grandes mesquitas e em muitas outras construções ligadas à religiosidade. Esse tipo de construção é muitas vezes ornamentado por constelações ou imagens celestes que representam o conjunto cósmico, e normalmente repousam sobre uma base quadrada simbolizando a união do Céu e da Terra.

A penetração do Céu, princípio ativo masculino, sobre a Terra, princípio passivo feminino, é tida como uma união sexual, cujo resultado pode ser o homem, filho do Céu e da Terra. Mas, no Egito antigo, o Céu era um princípio feminino, representado pela deusa Nut, chamada de "A mãe dos deuses e dos homens".

Podemos ver várias representações da deusa Nut curvada em forma de abóbada. Ela desposou o deus Geb, que representa a Terra e gerou o Sol, ou deus Rá.

Mas os egípcios possuíam outros símbolos celestes, como o falcão, cujos olhos representavam o Sol e a Lua (painel atrás do trono do Venerável – Sol – Olho da providência – Lua), a vaca celeste, cujas patas correspondiam às colunas do mundo e o cofre dos deuses, cujas portas eram abertas pelas palavras "Que sejam abertos os portais do Céu".

Na Índia, segundo o *Upanixade Chandogya* (3, 19), o ovo nasceu do Não Ser e engendrou os elementos. No começo só havia o Não Ser. Surgiu o Ser que cresceu e transformou-se em um ovo. Repousou durante um ano e quebrou-se, surgindo dois fragmentos da casca: um prata, representando a Terra, e um ouro, o Sol, a membrana externa; as montanhas, a interna as nuvens; as veias, os rios; e a água do ovo, o oceano. Também o ovo primordial do Xintô se divide em uma metade leve, que simboliza o Céu; e uma metade densa, a Terra.

Na tradição bíblica o Céu é identificado com a divindade, pois os cronistas e os profetas evitam o emprego do nome divino, sendo universalmente o símbolo dos poderes superiores ao homem, que podem ser benevolentes ou temíveis, de acordo com o comportamento humano.

A cabala, que busca uma correspondência entre o Universo e as tradições humanas, estabeleceu uma relação entre os sete planetas da Antiguidade, os anjos, sua função cósmica, os pontos do espaço e as operações do espírito.

Sol	Miguel	Iluminar	Zênite	Vontade
Lua	Gabriel	Força da Esperança e dos Sonhos	Nadir	Imaginação
Mercúrio	Rafael	Civilizar	Centro	Movimento, Intuição
Vênus	Amael	Amar	Oeste	Amor e Relações
Marte	Samael	Destruir	Sul	Ação e Destruição
Júpiter	Zacariel	Organizar	Leste	Julgamento, Direção
Saturno	Orifiel	Fiscalizar	Norte	Paciência

As estrelas possuem a qualidade de iluminar, de fonte de luz. As estrelas em uma abóbada de um templo ou igreja dizem respeito ao significado celeste que já envolve os símbolos do espírito ou forças de luz em seu conflito com as forças materiais representadas pelas trevas.

As estrelas aparecem na mitologia como seres antropomorfos ou zoomorfos, com poderes elevados. Na Mesopotâmia antiga, o conceito entre os acontecimentos terrenos e celestes foi a origem da Astrologia.

No Egito antigo, existia a crença de que os mortos viviam nas estrelas e a constelação de Órion era igualada a Osíris, soberano dos mortos.

A estrela Polar possui um papel destacado na simbologia universal como centro do Céu, em torno da qual gira todo o firmamento. Em torno dela definem-se as posições das estrelas, dos navegadores, dos nômades, dos caravaneiros e a de todos os viajantes da Terra, dos mares e do Céu. Em várias regiões da Europa e da Ásia ela é denominada de estaca, eixo, umbigo, porta do Céu, estando ligada ao mistério da geração. Na mitologia indiana, o Monte Meru representa o centro do mundo e, acima dele, se encontra a estrela Polar.

A estrela de Belém, segundo a maioria dos historiadores, teria sido uma concessão da Igreja por causa da popularidade da Astrologia na época. Existem vários acontecimentos semelhantes anunciados pelas estrelas que precederam o nascimento dos chamados Filhos de Deus, inclusive Buda. Temos como exemplo a natividade de Agni que, como Jesus, teve sua Mãe-Virgem Maya e seu pai terreno o carpinteiro Twâstri ao lado da vaca mística e do jumento, fato anunciado pela aparição de uma estrela.

A data do nascimento de Jesus não foi confirmada pela Astronomia nem pela Astrologia, e todas as pesquisas em torno da Estrela de Belém foram em vão. Levantaram-se inúmeras hipóteses sobre a aparição de um cometa, estrela nova, etc. Contudo, no Apocalipse de João 22:16, Cristo denomina-se como Estrela da Manhã.

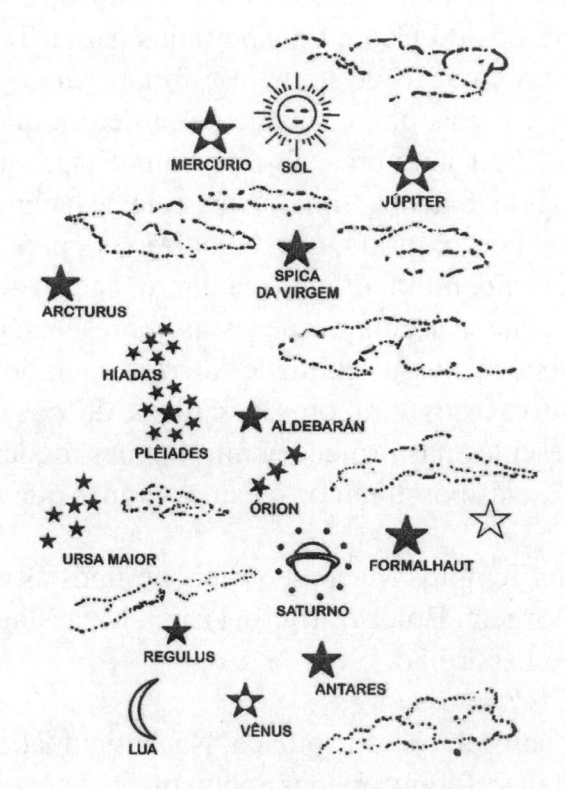

Mapa do teto do Templo

Nos Templos Maçônicos o teto é denominado Abóbada Celeste.No Oriente, à frente do Venerável e fora do dossel estará o Sol e ao seu lado Júpiter e Mercúrio. Por cima da mesa do Primeiro Vigilante, a Lua e sobre a do Segundo Vigilante, uma estrela de cinco pontas.

No centro do teto, três estrelas da constelação Órion. Entre estas e o nordeste ficam as Plêiades, Hiadas e Aldeberan. Entre Órion e o noroeste, Regulus, da constelação de Leão. No norte, a Ursa Maior. A nordeste, Arturus; a leste, Spica da Virgem; a oeste, Antares e ao sul, Formalhaut. Saturno com seus satélites, próximo a Órion.

AS CONSTELAÇÕES

De acordo com grande número de estudiosos, os mitos não foram extraídos do Céu e transportados para a Terra. Eles se originaram no coração do homem e foram para a abóbada celeste por um processo inconsciente de projeção, que acabou depositando no Céu inúmeros objetos como: taça, triângulo, cavalete, compasso, balança, lira, flecha, vela de navio, e vários animais: abelha, corvo, girafa, cão, camaleão, serpentes, e personagens: unicórnio, hidra, dragão, centauro, cavalo alado, etc.

Os hermetistas acreditam que essas representações divinisadas representam nossa realidade interior e, embora sejam imagens primitivas dos símbolos psíquicos do passado, encontram-se presentes nas projeções mitológicas modernas. No século XII a.C., elas possuíam os mesmos nomes que possuem na atualidade.

No teto dos Templos Maçônicos encontramos as seguintes constelações: Virgem, Boieiro, Touro, Órion, Ursa Maior, Peixe Austral, Leão e Escorpião.

VIRGEM (*Virginis, Virgo*)

É a maior constelação do zodíaco. Na Antiguidade, ao longo do rio Eufrates, foram criadas inúmeras constelações, nas quais Virgem representava a rainha das estrelas (deusa Istar), que segura uma espiga de trigo em uma das mãos. Na mitologia grega é Demeter, filha de Cronos e Réa, a deusa do trigo.

A espiga é um símbolo de fertilidade e prosperidade, estando relacionada ao Grau de Companheiro Maçom.

BOIEIRO (*Bootis, Bootes*)

É uma constelação boreal, cuja estrela Arturus, para os gregos servia de guarda da Ursa Maior, que se encontra mais ao norte.

TOURO (*Tauri, Taurus*)

Temos nessa constelação Aldebarán e dois asterismos: Plêiades e Híades. É uma das primeiras constelações atribuídas aos Babilônios e para eles marcava o início do ano com o nascer das Plêiades.

ÓRION

É representada pelo asterismo das Três Marias ou Cinturão da Espada de Órion (Mintaka, Alnilan e Alnitak).

URSA MAIOR

Está representada por seis estrelas colocadas aleatoriamente sem nenhuma relação com a forma da constelação, que possui sete estrelas.

PEIXE AUSTRAL (*Piscis Austrini* ou *Austrinus*)

Localizada no hemisfério celeste sul, é representada pela estrela *Formalhaut*, expressão que vem do árabe *Fam-Al-Hout-Al-Ganoub*" (a boca do peixe austral).

LEÃO (*Leo, Leonis*)

Constelação também atribuída aos babilônios, que associavam o Leão ao Sol. No teto está representada por *Regulus*.

Na época dos babilônios, quando o Sol se encontrava em Leão, ocorria o solstício de verão (máximo afastamento do Sol em relação ao equador celeste). Já no Egito aconteciam as inundações do rio Nilo.

ESCORPIÃO (*Scorpii*, *Scorpius*)

Representada por Antares, nome grego em que *Anti* significa contra, rival e *Ares*, deus da guerra, um rival de Marte, talvez por sua cor avermelhada.

Para os gregos, o escorpião foi um instrumento de vingança de Ártemis, a deusa da caça, para envenenar Órion, o caçador rival dela, mas também amado por ela. Após ser picado, Órion perseguiu o escorpião, mas não conseguiu alcançá-lo. Para esse povo, essa perseguição continua até hoje, pois quando Órion está nascendo, o escorpião está se pondo e vice-versa.

Já para os egípcios, essa constelação estava associada às secas e às pragas.

ESTRELA FLAMEJANTE

Essa estrela de cinco pontas está localizada acima da mesa do Segundo Vigilante. Não é uma estrela do firmamento, mas uma estrela mística que possui inúmeros significados. Está relacionada ao Grau de Companheiro Maçom.

OS PLANETAS

O simbolismo dos planetas deriva de um relacionamento imaginado na Antiguidade entre a ordem celeste e a ordem terrestre, em que as relações particulares do curso dos astros teriam influência no destino dos homens, pois cada um deles teria um determinado poder sobre os mortais.

Na Antiguidade, eram considerados sete planetas, incluindo o Sol e a Lua, e eles correspondiam aos sete Céus, sete dias da semana, sete direções do espaço, sete operações da alma, sete virtudes teologais e morais, sete dons do Espírito Santo, sete metais, sete fases da Grande Obra.

O SOL

O Sol possui um simbolismo muito complexo e diversificado, podendo representar a vida e a morte. É considerado fecundador, uma manifestação da divindade em inúmeros aspectos como: Filho de Deus, olho de Deus, e o Próprio Deus, mas por outro lado pode queimar e matar.

O simbolismo do Sol geralmente se relaciona a mitos ligados a fenômenos naturais como o pôr do sol, a diminuição de sua trajetória, início do solstício de verão, que simbolizam a morte. Mas temos também o nascer do sol, o aumento de sua trajetória, o início do solstício de inverno, que simbolizam a ressurreição a vida e a salvação. Dessa forma, a simbologia do Sol tem por base sua morte e seu renascimento ou a eterna luta entre a luz e as trevas que envolve o ciclo da vida.

Vários ritos de iniciação se utilizam da simbologia do Sol (mistérios de Ísis e de Mitra), em que o neófito reproduz a trajetória do Sol para receber a verdadeira luz.

O Sol em sua trajetória parece voar no Céu, o que faz com que pássaros como a águia e o falcão simbolizem sua soberania. Também encontramos a Fênix, ave que em sua velhice voa a Heliópolis, reza no altar do Sol, queima-se e renasce das cinzas, representando o rejuvenescimento diário do Sol.

Para a Astrologia, o Sol é o símbolo da vida, produz o calor, a luz, e o dia representa a autoridade masculina, o símbolo do princípio gerador masculino, responsável por tudo o que brilha.

Toda a influência dos signos do zodíaco é a essência solar, a influência do Sol refletida pela órbita terrestre.

O simbolismo védico se refere ao Sol espiritual situado no zênite, chamado coração do mundo ou olho do mundo, e como coração do mundo ele é representado no centro da roda do zodíaco.

Como símbolo cósmico, o Sol é uma verdadeira religião astral, que gerou inúmeros cultos realizados por grandes civilizações do mundo antigo, representados por deuses, heróis e gigantes associados ao simbolismo do pai, como por exemplo: Atum, Osíris, Baal, Mitra, Hélio, Apolo, etc.

Os textos hindus apresentam o Sol como a origem de tudo o que existe, o princípio alimentador e o finalizador de toda a manifestação.Por outro lado, o Sol é também destruidor, pois a seca se opõe à chuva fecundadora, embora o próprio Sol seja um princípio fecundador. Por essa razão, na China antiga, o Sol deveria ser abatido por flechas quando atuava em demasia.

O Sol Negro representa o Sol em sua trajetória noturna, quando abandona este mundo para iluminar o outro mundo. Para os alquimistas, o Sol Negro assume o papel de matéria-prima não trabalhada ou não colocada no caminho da evolução. De acordo com as tradições, é o início do desencadeamento das forças destrutivas do Universo, que reflete nas sociedades e nos indivíduos o prenúncio da catástrofe e da morte, que deu origem ao sentido nefasto dos eclipses.

Os raios solares aos quais se associam os cabelos de Shiva são tradicionalmente sete, correspondendo às seis dimensões do espaço e à dimensão extracósmica representada pelo próprio centro.

Na Maçonaria, o Sol representa o início dos trabalhos (do Meio--Dia à Meia-Noite) como a luz recebida pelo neófito em sua iniciação.

O Sol encontra-se atrás do trono do Venerável, ao lado esquerdo junto do Delta, e no teto acima do Dossel, na Abóbada Celeste, todos localizados no Oriente, de onde vem a luz.

A LUA

A Lua possui duas características marcantes: estar privada de luz própria, sendo um reflexo do Sol, e atravessar fases diferentes com mudanças de formas, representando um astro que cresce, decresce e desaparece com suas fases sucessivas e regulares, cujo simbolismo a liga às águas, à chuva e à fecundidade das mulheres, dos animais e dos vegetais.

A Lua, como um símbolo cósmico, tem sido representada ao longo dos tempos por mitos, lendas e cultos que relacionam várias deusas à sua imagem fecundadora e símbolo de grande mãe (Ísis, Istar, Ártemis, Hécate).

A Lua, na Astrologia, simboliza o princípio passivo, mas fecundo, a noite, a umidade, o subconsciente, a imaginação, o psiquismo, o sonho, a mulher e tudo o que é instável, transitório e influenciável por causa do seu papel de refletor da luz solar. É o símbolo do sonho e do inconsciente que fazem parte da vida noturna, associada aos elementos água e terra, relacionados ao frio e à umidade, que se opõe ao simbolismo solar, de origem consciente, representados pelo fogo e o ar, com suas características de calor e secura.

A Lua, em árabe *Qamar*, é mencionada no Corão, assim como o Sol como um dos signos do poder de Alá. Existem dois calendários no Islã: um solar, ligado às necessidades da agricultura, e outro lunar, relacionado a razões religiosas.

No simbolismo astrológico, a Lua é associada a influências maternas, como mãe-alimento, mãe-carinho, mãe-universo afetivo, dominando a vida infantil, vegetativa, artística e anímica da psique.

Nos Templos Maçônicos, a Lua localiza-se na parede atrás do trono do Venerável, junto com o Sol e o Delta Luminoso, e na Abóbada Celeste acima da mesa do Primeiro Vigilante na Coluna do Norte.

A Lua representa o fim dos trabalhos que vão do Meio-Dia à Meia-Noite.

MERCÚRIO (Hermes grego)

É o planeta mais veloz e próximo do Sol e talvez por esse motivo seja chamado de "o mensageiro dos deuses", possuindo sapatos alados e o caduceu como atributos. É o deus da sabedoria, correspondendo ao egípcio Thoth (Hermes Trismegisto).

Vem após os dois luminares, o Sol, astro da vida; e a Lua, astro da geração, considerado o filho deles, o mediador. É bem visível durante o ocaso (depois de o Sol se por), e ao nascer (pouco antes de o Sol surgir).

Na mitologia, era considerado o deus da eloquência, dos comerciantes e dos ladrões, encarregado de todos os negócios do Olimpo. Ele conduzia as almas aos infernos e as recuperava quando era preciso. A morte do corpo só acontecia quando o vínculo com a alma era cortado por Mercúrio.

Na mitologia grega recebe o nome de Hermes e consta que inventou a lira esticando sobre a carapaça de uma tartaruga, cordas fabricadas com tripas de bois que sacrificara. Inventou também a flauta que deu de presente a Apolo em troca de lições de magia divinatória e do caduceu de ouro.

Por suas habilidades, Zeus escolheu Hermes para lhe servir de mensageiro aos deuses dos infernos: Hades e Perséfone.

Como deus das viagens, era lembrado nas encruzilhadas das estradas, onde suas estátuas serviam para afastar os fantasmas e evitar maus encontros.

Mercúrio se encontra sempre perto do Sol, nunca se afasta dele além de 26°. Seu tamanho é 0,7 se a Terra for 1,0. Sua luminosidade é reflexo da luz solar, não tem satélites, e o seu período sideral é de 88 dias.

VÊNUS (Afrodite grega)

O Planeta Vênus é o que mais se aproxima da Terra, e nessas ocasiões, torna-se o terceiro astro em brilho, ficando atrás do Sol e da Lua.Sua órbita se encontra entre Mercúrio e a Terra.

Vênus e seu ciclo venusiano possuem grande influência nas antigas civilizações mesoamericanas, principalmente entre os astecas e os maias, tanto com relação ao calendário como sua cosmogonia (relato da criação do mundo). Entre os astecas representava Quetzalcoatl, ressuscitado no Oriente após a sua morte no Ocidente, graças ao ciclo diurno em que aparece como estrela da manhã, e estrela da tarde simbolizando a morte e o renascimento.

Para os sumerianos, Vênus era a que indica o caminho às estrelas.Como deusa da tarde, favorecia o amor e a volúpia; como deusa da manhã, presidia aos atos de guerra e de massacre.

Em Astrologia, Vênus encarna a atração instintiva, o sentimento, o amor, a simpatia, a harmonia e a doçura, sendo considerado o astro da arte e da acuidade sensorial, do prazer e do divertimento, com manifestações da femilidade (luxo, moda, enfeites, etc.)

Na Antiguidade Vênus era representada por uma estrela de oito pontas e personificava a atração universal e o amor em todos os sentidos, a estrela das doces confidências por causa do suave brilho que o astro produz na alma contemplativa.

Vênus é quase do tamanho da Terra ou 0.9 se a Terra for 1,0. É sem dúvida o mais belo ponto luminoso do Céu e se encontra sempre perto do Sol. Quando Vênus antecede o Sol, é chamado de "estrela da manhã", e quando fica visível após o Sol se pôr, "estrela vésper". Não tem satélites e seu período sideral é de 225 dias.

JÚPITER (Zeus para os gregos)

É o gigante dos mundos, o maior planeta conhecido. Seu brilho só fica atrás dos dois luminares e de Vênus.

Leva 12 anos para completar sua órbita em torno do Sol, e suas influências sempre foram consideradas benéficas, simbolizando o equilíbrio, a autoridade, a ordem e a estabilidade.

Deus supremo dos romanos, corresponde ao Zeus dos gregos, considerado como a divindade do Céu, da luz diurna, do raio e do trovão, simbolizando a ordem autoritária. É tido como o planeta da legalidade social, da riqueza, do otimismo e da confiança. Os antigos lhe deram o nome de grande benfeitor. Ele governa no zodíaco, Sagitário, signo da justiça, e Peixes, signo da filantropia. Suas profissões privilegiadas são a Medicina e a Jurisprudência. No organismo humano ele atua no funcionamento da circulação do sangue e do fígado.

Na mitologia, era filho de Saturno, e em sua vida foi levado pelos prazeres sexuais, tendo seduzido muitas heroínas, tornando-se pai de inúmeros filhos que foram incluídos no rol dos deuses.

Júpiter é o maior de todo o sistema, sendo 12 vezes maior que a Terra. Sua revolução sideral é de 12 anos e sua luz é azul e brilhante como Vênus. Possui 11 satélites, sendo que os três mais externos giram em sentido contrário aos outros.

Júpiter possui uma mancha vermelha na superfície dele, não existindo uma explicação para esse fenômeno, a não ser a dos místicos, que acreditam que foi de Júpiter que saiu Vênus e essa mancha seria a cicatriz.

SATURNO (Cronos dos gregos)

É o planeta visível a olho nu mais distante, sendo equiparado a uma estrela de magnitude 1.

Para os sumerianos e babilônios, Saturno é o astro da Justiça e do Direito, ligado às funções solares de fecundação, de governo e de continuidade na sucessão dos reinos.

Seu longo período de revolução (29,5 anos) era interpretado como senilidade, e nos livros antigos sobre planetas, é representado como ancião, com uma perna postiça segurando uma foice e ampulheta.

Na Astrologia, Saturno representa o princípio da concentração, da contração, da fixação, da condensação e da inércia, uma força que não se opõe a toda mudança. Ele simboliza todo o tipo de obstáculo, as paradas, a carência, o azar, a impotência, a paralisia. Tem como lado bom a fidelidade, a constância, a ciência, a renúncia, a castidade e a religião.

Saturno é o planeta maléfico dos astrólogos por causa da sua luz, triste e fraca, que evoca desde os primeiros tempos as tristezas oriundas das provações da vida.

No pensamento hermético esotérico, Saturno é o chumbo; já para a filosofia hermética é a cor preta, da matéria dissolvida e putrefata do cobre comum. Possui uma função separadora que indica ao mesmo tempo um começo e um fim, uma interrupção em um ciclo e o começo de um ciclo ocasionado por corte ou freio na evolução.

Na mitologia grega é Cronos (Saturno), filho de Urano, que corta fora os testículos do pai. Para não ser destronado, devora os filhos logo que nascem. Sua irmã e esposa Reia foge para Creta, para dar à luz Zeus.

Quando adulto, Zeus ministra a Cronos uma droga que o faz vomitar todos os filhos que engolira e, com o auxílio deles, Zeus acorrenta Cronos e o mutila.

Cronos é confundido com *chronos*, o tempo, do qual se tornou personificação para vários intérpretes antigos da mitologia.

Saturno possui uma luz amarelada. Seu tamanho é 10 vezes maior que a Terra e possui uma característica interessante relativa à sua leveza, que em razão de sua composição é mais leve que a água. Possui 11 satélites dos quais Phebo é o maior e gira em um movimento anômalo no sentido Leste-Oeste.

Saturno possui anéis concêntricos que o circulam, formados de partículas, que foram descobertos por Galileu. O anel mais externo possui um diâmetro de 2 bilhões de quilômetros e uma altura de 10 quilômetros.

MARTE (Ares ou Thourios para os gregos)

Marte representa para a Astrologia a energia, a vontade, o ardor, a tensão e a agressividade. Por causa desses fatores serem empregados com frequência mais para o mal do que para o bem, ele recebeu o nome de "pequeno maléfico".

Marte governa a vida e a morte, e seu primeiro domicílio zodiacal é Áries, que preside o renascimento da natureza na primavera, e morre no outono seu segundo signo, Escorpião.

Pelo motivo de sua luz avermelhada e ardente como uma chama, e sua variação de intensidade luminosa cerca de 55 vezes e o nome abrasado que lhe foi dado em quase todas as línguas antigas, Marte simboliza a paixão e a violência, e a mitologia o transforma no deus da guerra.

Na mitologia grega recebe o nome de Ares ou Thourios, filho de Zeus e de Hera, simbolizando a força bruta. É considerado o matador e o defensor dos lares e dos jovens, principalmente dos que emigram para fundar novas cidades. Rômulo e Remo seriam seus dois filhos gêmeos. Mas também é o punidor e o vingador de todas as ofensas, sobretudo da violação dos juramentos.

Suas correspondências terrestres são os homens violentos, os soldados e os carrascos; entre os animais: lobos, raposas e linces; entre as aves: açores; entre os peixes: lúcios; e entre as plantas: cardos, urtigas e acônito. Na iatromatemática (medicina astrológica) são atribuídos a ele a vesícula e os órgãos genitais masculinos.

Marte é o único ponto brilhante e vermelho no Céu. Tem dois satélites, *Phobos* (medo) e *Deimos* (pânico), sua velocidade de revolução sideral é de 687 dias, e seu tamanho 0,8 se a Terra for 1,0.

Embora Marte esteja relacionado entre os sete planetas conhecidos na Antiguidade, não está presente no teto dos Templos Maçônicos.

Alguns autores afirmam que pelas características de Marte (violência), este se encontra fora do Templo junto com o Cobridor Externo, embora fora do Templo não exista Abóbada Celeste. Por outro lado encontramos no Banquete Ritualístico a terceira libação a Marte, substituída por um brinde ao Venerável.

Polêmicas à parte, em minha opinião, a representação do planeta Marte deveria estar nos tetos dos Templos Maçônicos, pois um dos ensinamentos básicos se refere a vencer as paixões, e uma grande parte do aprendizado envolve aspectos negativos do mundo profano.

Também temos o Pavimento de Mosaico com todas as polaridades, e nem por isso vamos retirar os azulejos pretos porque estes podem representar aspectos negativos.

A vida é um eterno aprendizado, e acredito que conhecendo o mal podemos valorizar o bem.

A COLUNA DO NORTE

A Coluna do Norte é a região onde em seu topo ficam os Aprendizes. Por ser uma região escura, no hemisfério norte também é chamada de "setentrião". Nela se localizam o Primeiro Vigilante, o Mestre de Cerimônias, o Tesoureiro, o Arquiteto, o Bibliotecário, o Mestre de Banquetes e o Segundo Diácono.

Seu território vai desde a Grade do Oriente, do lado esquerdo de quem entra no Templo, até o Ocidente; na Coluna B, correspondendo ao lado Norte da orientação do Templo.

Na parede estão as Colunas Zodiacais de: Áries, Touro, Gêmeos, Câncer, Leão e Virgem; na mesa do Primeiro Vigilante, a Coluna Dórica, um candelabro de três luzes, um malhete; logo abaixo a Pedra Bruta e, ao lado da mesa, dependendo do espaço, o Mar de Bronze.

Existe um mal entendido com relação ao posicionamento dos Irmãos quanto a estarem entre colunas. Para muitos, estar entre colunas significa estar entre as colunas B e J, o que está em parte correto quando elas se encontram dentro do Templo. Mas estar entre colunas significa estar entre as colunas da Força, na mesa do Primeiro Vigilante; e da Beleza, na mesa do Segundo Vigilante, pois essas duas colunas junto com a coluna do Venerável que simboliza a Sabedoria representam os três pontos de sustentação de uma Loja Maçônica. Dessa forma, todo o espaço entre a Grade do Oriente e as colunas B e J ladeados pelas colunas do Norte e do Sul corresponde ao Centro do Templo, delimitando a área onde os Irmãos encontram-se entre colunas.

A coluna do Norte é o local do primeiro aprendizado; assim, é representada pela coluna da Força, pois é lá que os Aprendizes por meio do Maço e do Cinzel iniciam o trabalho de desbastar a Pedra Bruta, um trabalho árduo que exige muita força interior para eliminar as asperezas do mundo profano.

O fato de ser uma região escura, tem por base os Aprendizes não estarem acostumados à luz, pois apenas receberam recentemente a luz interior na iniciação.

Embora seja comum os Aprendizes ficarem ansiosos por receber as instruções para passar de Grau, é muito importante que seja ministrado um aprendizado correto, pois esse Grau é a base de todo o conhecimento maçônico.

A COLUNA DO SUL

A Coluna do Sul é a região onde em seu topo ficam os Companheiros. É um local de luz, iluminado pela Estrela Flamejante e pelo Sol, também chamado de meio-dia. Nela se localizam o Segundo Vigilante, o Hospitaleiro, o Chanceler e o Primeiro e Segundo Experto.

Seu território vai desde a Grade do Oriente, do lado direito de quem entra no Templo, até o Ocidente; na coluna J, corresponde ao lado Sul da orientação do Templo.

Na parede estão as Colunas Zodiacais de: Libra, Escorpião, Sagitário, Capricórnio, Aquário e Peixes.

Na mesa do Segundo Vigilante existe uma coluna de ordem Coríntia, um candelabro de três luzes, um malhete e, logo abaixo, a Pedra Cúbica em que, dependendo do espaço, pode se localizar a Pira. A coluna do Sul é o local onde tem início o trabalho de espiritualização dos Aprendizes.

Na coluna do Sul os Aprendizes passam do Nível ao Prumo, desenvolvendo um trabalho interior voltado para a beleza dos conhecimentos sublimes revelados pela Divindade. É nessa coluna que tem início o questionamento interior com relação à qualidade da obra a ser produzida para abrigar o G∴A∴−D∴U∴.

Embora muitas Lojas não tenham o cuidado especial e fundamental de arguir os Aprendizes antes de passarem para a coluna do Sul, acredito ser este procedimento de grande importância, pois caso contrário estarão formando Companheiros despreparados, comprometendo o futuro da Loja e da Ordem em geral.

O ORIENTE

O Oriente é a origem da luz, pois o Sol se levanta no Leste e se põe no Oeste. O Oriente é o berço da espiritualidade, da sabedoria, da vida contemplativa e da metafísica.

No Oriente encontramos o Venerável Mestre, o Orador, o Secretário, o Primeiro Diácono, o Porta-Estandarte, o Porta-Bandeira, o Porta-Espada.Também tomam assento os Ex-Veneráveis, que não exercem cargos na Loja, as Grandes Dignidades e Oficiais da Ordem, e os visitantes revestidos de alguma dignidade maçônica.

Seu território vai desde a subida da Grade do Oriente por quatro degraus (denominados na ordem de subida: Força, Trabalho, Ciência e Virtude) até a parede oposta à entrada, delimitando o final do Templo.

Nessa região encontramos: o Altar dos Perfumes, o Estandarte da Loja, as bandeiras do Estado e da Nação, duas Colunas Toscanas, a elevação onde se encontra o trono e a mesa do Venerável, formada por três degraus denominados na ordem de subida de: Pureza, Luz e Verdade, o Delta Luminoso, o Delta Sagrado, o Dossel, a Carta Constitutiva e o Painel do Grau. Sobre a mesa do Venerável encontram-se: uma espada, um malhete, objetos de escrita, um candelabro de três luzes, uma coluneta de ordem jônica e uma Prancheta.

O Oriente é considerado por muitos povos como um lugar sagrado. A Igreja primitiva adotava o costume pelo qual os cristãos rezavam voltados para o Oriente e, por essa razão, as catedrais medievais eram orientadas nesse sentido. Essa orientação vem principalmente dos Templos do Egito antigo e se espalhou por quase todas as civilizações posteriores.

O Leste sempre foi considerado um lugar sagrado para os seguidores dos Antigos Mistérios, em que o Sol era o objeto de adoração e suas revoluções pelas várias estações eram alegoricamente representadas. É o ponto onde o corpo luminoso faz sua aparição no começo do dia, considerado como o lugar de nascimento da Divindade, devendo ser honrado e reverenciado.

A Maçonaria também designa pelo nome de Oriente o lugar (cidade, vila, etc.) onde se localiza uma Loja Maçônica. Por essa razão, em 1772, na França, a Grande Loja recebeu o nome de Grande Oriente, pois tinha sua sede na capital ou no Grande Oriente.

No falecimento de um Irmão é costume os maçons usarem a expressão "Passou para o Oriente Eterno", que significa "o lugar da luz eterna".

Para que uma Loja esteja devidamente regularizada é necessário, como vimos anteriormente, que esteja filiada a uma Potência Reconhecida que irá emitir uma Carta Constitutiva definitiva que deverá ser fixada na frente da mesa do Venerável; do lado direito, neste mesmo lugar; do lado esquerdo, deve ficar o Painel do Grau que indica a ritualística a ser obedecida nos trabalhos. Mas uma Loja deve possuir um Estandarte, que na Maçonaria é utilizado como insígnia, bandeira ou como um painel de identificação da Loja, estando presente em todas as sessões como um símbolo representativo. O Estandarte deve ter o emblema da Loja, seu nome, número de ordem, data da fundação e o local onde está estabelecida. Sua localização é no topo sul da Grade do Oriente, mas nas sessões magnas ou brancas (abertas a familiares e visitantes profanos), à esquerda do trono do Venerável.

As bandeiras Nacional e Estadual também estão presentes no Templo. A bandeira do Estado ao qual a Loja pertence fica desfraldada em todas as sessões ao lado da Coluna Toscana, na cadeira do Porta-Estandarte. O Pavilhão Nacional consiste em um ato cívico inserido na ritualística maçônica, obedecendo à Lei nº 5.700 de 1º de setembro de 1971. Nas datas nacionais, deve ser hasteada na fachada das Lojas e somente deve ser introduzida no Templo durante as Sessões Magnas ou Brancas, obedecendo a um ritual de entrada com a execução do Hino Nacional, e na saída com a saudação e retirada ao som do Hino à Bandeira.

O ALTAR DOS PERFUMES

O perfume é um dos elementos do ritual de sacrifício destinado a agradar a Divindade. No Egito antigo, as essências dos perfumes eram misturadas nos Templos e acreditava-se que as deusas tinham o atributo de ocultar todas as mulheres por meio de seu perfume. Os egípcios consideravam o incenso como "O suor dos deuses que caía sobre a Terra"; e a fumaça do culto aos mortos, um guia para o além. Nos rituais hebreus, os arômatas desempenhavam um papel muito importante. Nas cerimônias dos gregos e romanos, o uso de perfumes era muito utilizado nas estátuas dos deuses e até nos cadáveres embalsamados com perfumes, sendo depositados frascos de perfumes nos túmulos.

A sutileza do perfume assemelha-se simbolicamente a um estado espiritual relativo à natureza da alma.

Na Bíblia, em Êxodo 30:1-10, encontramos uma ordem dada por Deus a Moisés para a confecção de um altar para nele queimar incenso.

O incenso produz uma ação física de caráter antisséptico e uma ação psíquica que conduz a alma a um estado propício à elevação espiritual.

As árvores produtoras das resinas têm sido consideradas símbolos de Cristo, pois o incenso tem a incumbência de elevar a prece para o Céu, adquirindo uma função sacerdotal. Esta é a razão da oferenda dos Reis Magos ao Menino Jesus.

No ritual hindu, o incenso (*dhupa*) relaciona-se com o elemento Ar, fazendo com que se acredite que ele represente a percepção da consciência por intermédio do Ar que está presente em todos os locais.

Como símbolo de purificação espiritual, o incenso é utilizado em magia para afastar as entidades nefastas que se apegam aos maus odores.

Os babilônios utilizavam o incenso em práticas mágicas, principalmente em oferendas dedicadas ao deus Baal. Em todo o Oriente antigo os deuses, os soberanos e os mortos eram homenageados com a queima de substâncias aromáticas.

O cristianismo primitivo no início rejeitou o uso do incenso por ser considerado um costume pagão. Somente no século IV a incensação litúrgica foi considerada um símbolo de oração, e pela bênção proferida antes da incensação o incenso tornou-se sacramental.

A origem do incenso é remota e desconhecida, presumindo-se que talvez a queima de restos de árvores, sementes e plantas, tenham despertado, pelo seu agradável perfume, o interesse na pesquisa de novos produtos. Como o perfume agradava aos homens, estes começaram a oferecê-lo aos deuses, tornando-se uma prática religiosa.

A Maçonaria possui o Altar dos Perfumes localizado no Oriente, à frente da mesa do Venerável, e se destina à queima de incenso.

O Altar dos Perfumes é constituído de uma coluna comum com tampo triangular no topo, no qual haverá um turíbulo e uma naveta, ou outro vasilhame contendo incenso a ser queimado.

A queima de incenso na Maçonaria está ligada à purificação do ambiente, apenas na iniciação o candidato é conduzido ao Altar dos Perfumes para ser incensado por três vezes, antes de passar pelo batismo da purificação nas chamas do Fogo Sagrado.

Mas não devemos confundir o incenso com os defumadores de cheiros duvidosos utilizados, inclusive, em cerimônias de baixa magia.Deve existir uma preocupação por parte das Lojas com a qualidade dos produtos, dando-se preferência aos perfumes suaves, para que o ambiente fique agradável.

O DOSSEL

Também denominado Pálio, Baldaquim e Parassol, simboliza uma proteção recebida por aquele que se encontra debaixo dele.

O Dossel retangular relaciona-se com a Terra e os bens terrenos, os de outras formas, com os bens celestes.

Normalmente o Dossel é utilizado por reis, ou autoridades de destaque, inclusive religiosas, como proteção e símbolo do poder recebido do Céu.

No Oriente, acima do trono do Venerável, encontra-se um Dossel normalmente retangular obedecendo às dimensões do elevado em que se encontra a mesa, constituído de um cortinado em toda a volta na cor azul-escura com franjas prateadas.

O Dossel na Maçonaria simboliza a cobertura espiritual que o Venerável recebe para poder conduzir os trabalhos com sabedoria.

AS COLUNAS DO ORIENTE

No Oriente, o trono do Venerável é ladeado por duas Colunas Toscanas que podem significar uma proteção lateral, um alinhamento com as Colunas Papiriformes (B e J) quando estas se encontram dentro do Templo ou delimitam uma passagem de um plano para outro, por intermédio da parede que fica atrás do trono do Venerável, onde estão localizados o Sol, o Olho da Providência (o que tudo vê) e a Lua. As colunas indicam limites, sendo comum elas enquadrarem portas, ou estarem próximas delas, em um claro sinal de passagem a uma nova situação.

A ordem Toscana foi desenvolvida no período romano, originária da antiga Etrúria, e consiste em uma simplificação das proporções Dóricas. A coluna não apresenta base e dispõe de sete módulos de altura, o fuste é liso sem caneluras, e o capitel, simples com aneletes.

Sobre a mesa do Venerável há uma coluneta Jônica, que simboliza a sabedoria, e que junto com a coluneta do Primeiro Vigilante de ordem Dórica, que simboliza a força, e a do Segundo Vigilante de ordem Coríntia, que simboliza a beleza, constituem os três pilares de sustentação de uma Loja Maçônica.

A Coluna Jônica é esbelta e sua altura corresponde a nove vezes o diâmetro de sua base. Seu capitel tem a forma de um duplo enrolamento em espiral denominado "voluta" e sua origem vem dos Jônios da Ásia e do Templo de Éfeso.

OS DELTAS

No Oriente dos Templos Maçônicos existem dois Deltas: um localizado atrás e acima do trono do Venerável, denominado Delta Luminoso, e o segundo localizado à frente do Dossel, chamado de Delta Sagrado.

O Delta é a representação da triunidade denominada por diversas religiões como: Trimurt, Tríada, Trindade, etc. Encontramos esta representação no Hinduísmo: Brahma, Vishnu e Shiva; no Egito: Osíris, Ísis e Hórus, e muitas outras.

O Delta representa o positivo, o negativo e a união dos dois, e na Maçonaria pode ser encontrado em várias fórmulas como: Bem Pensar, Bem Dizer, Bem-Fazer; Liberdade, Igualdade, Fraternidade, etc.

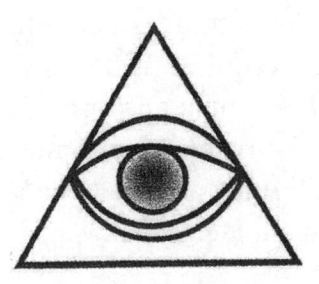

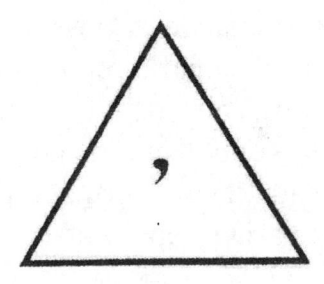

O DELTA LUMINOSO

Localizado atrás do trono do Venerável, tem em seu centro um olho denominado de olho onividente, "olho da providência ou olho que tudo vê". O olho, além de ser o órgão da percepção visual, simboliza também a percepção intelectual, e o seu brilho e sua relação com a luz o tornam símbolo da visão espiritual, um órgão divino, ou a representação da Divindade, ligado aos ritos iniciáticos quanto à abertura do conhecimento.

Na Maçonaria, o olho encontra-se ladeado pelo Sol e pela Lua, o que nos leva a crer que essa simbologia veio do Egito antigo, e nos revela no plano físico, o Sol, a vida e a Luz; no plano astral, o Verbo, o *Logos* e o Princípio Criador: e no plano espiritual, o Grande Arquiteto do Universo.

Embora para muitos o olho represente a visão superior observando os erros humanos, acredito ser a eterna vigilância das necessidades de proteção.

O DELTA SAGRADO

É formado por um triângulo equilátero, tendo em seu centro a letra Iod, que como vogal simboliza a Divindade; como consoante, duração material, e desenhada como uma vírgula, o princípio das coisas.

Respeitando o povo e a religião hebraica, acredito que como a Maçonaria representa várias religiões, a figura de um ponto no centro do Delta Sagrado seria mais apropriado, pois o ponto simboliza a menor parte do Universo representando a Divindade. Dessa forma, todas as religiões aceitas pela Maçonaria estariam representadas, inclusive a Hebraica.

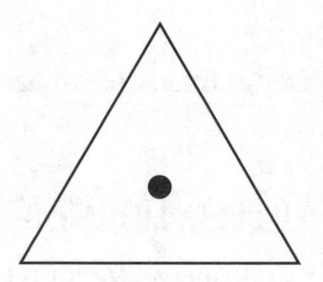

A PRANCHETA DA LOJA

Também denominada "Prancha a Traçar", relaciona-se com o Grande Mestre, pois é onde ele simbolicamente traça os planos, para que os Aprendizes e Companheiros cumpram o caminho indicado para seu aperfeiçoamento nos trabalhos da Arte Real.

Em algumas Lojas, a Prancha a Traçar é constituída de um retângulo sobre o qual estão impressos os esquemas da chave do alfabeto maçônico, para lembrar ao maçom que seus pensamentos e atos devem ser traduzidos de forma maçônica, a fim de que todos os Irmãos possam compreender.

O MALHETE

É um martelo de madeira utilizado pelo Venerável e pelos Vigilantes como um símbolo de autoridade.

No mundo profano é utilizado por juízes e mediadores com a mesma finalidade.

Como o malhete possui duas partes ligadas por um cabo, tem uma ambivalência funcional que pode representar o positivo e o negativo, o bem e o mal. Essa dualidade de energias contrárias deve ser sabiamente conduzida por quem o utiliza.

Por causa da sua forma, assemelha-se ao maço, ao martelo e ao machado, funcionando como um objeto de construção, ordem e proteção, que são funções de responsabilidade do Venerável, que deve construir e lapidar os novos Irmãos para o Quadro da Loja, manter a ordem dos trabalhos, além de proteger a Loja em todos os sentidos.

O malhete assemelha-se ao Tau, antigo símbolo egípcio de iniciação, que simboliza a salvação e a consagração, como também é um símbolo cuneiforme e uma letra grega.

É recomendável que o Venerável, ao assumir o cargo, escolha um lado do malhete e passe sempre a utilizá-lo em suas batidas, para que as energias não se misturem.

O TRONO

O trono é a manifestação da grandeza humana e Divina. Simboliza o poder e atesta a presença da autoridade.

Na China, representa a supremacia do mundo celeste sobre o mundo terrestre.

O trono identifica-se com a ciência divina, com o espírito universal, simbolizando a manifestação, o equilíbrio e a harmonia, o suporte da manifestação gloriosa de Deus.

É comum encontrarmos na Maçonaria a relação entre o trono do Venerável com o trono de Salomão. Acredito não existir semelhança, pois o trono de Salomão foi descrito e interpretado como uma maravilha, simbolizando a riqueza e o poder representados pelo ouro e marfim utilizados em sua construção e descritos na Bíblia (I Reis – 10:18-20).

O trono do Venerável assemelha-se mais com o utilizado no Parlamento Inglês, de onde muitos afirmam ser a inspiração da disposição interna da Loja.

Bibliografia

ASLAN, Nicola. *Grande Dicionário Enciclopédico de Maçonaria e Simbologia*. Rio de Janeiro: Editora Artenova, SD.
Bíblia Sagrada. São Paulo: Editora E.P.-Maltese, SD. 4 v.
BOUCHER, Jules. *A Simbólica Maçônica*. São Paulo: Editora Pensamento,1979.
CAMINO, Rizzardo da. *Dicionário Maçônico*. São Paulo: Madras Editora, 2001.
____ *Rito Escocês Antigo e Aceito*. São Paulo: Madras Editora, 2007.
CASTELLANI, José. *Origens do Misticismo na Maçonaria*. São Paulo: A gazeta Maçônica,1995.
CERAM, C. W. *Deuses,Túmulos e Sábios*. São Paulo: Círculo do Livro, [s.d.].
CHALLAYE, Felicien. *As Grandes Religiões*. São Paulo: Ibrasa,1989.
CHEVALIER, Jean; GHEERBRANT, Alain, *Dicionário de Símbolos*.
São Paulo: Editora Pensamento, 2005.
CHARLIER, René Joseph. *Pequeno Ensaio de Simbólica Maçônica*. Ribeirão Preto: Edicões E. DÓ, 1964.
DURVILE, Henri. *Ciência Secreta*. São Paulo: Editora Pensamento, 1995.
FIGUEIREDO, Joaquim Gervásio de. *Dicionário de Maçonaria*. São Paulo: Editora Pensamento, SD.

LEADBEATER, C.W. *A Vida Oculta da Maçonaria*. São Paulo: Editora Pensamento, SD.
LURKER, Manfred. *Dicionário de Simbologia*. São Paulo: Editora Martins Fontes, 1997.
MASIL, Curtis. *O que é a Maçonaria*. Rio de Janeiro: Editora Tecnoprint, 1986.
NEVILLDRYRY, Tilllet Gregori. *Portais do Ocultismo*. São Paulo.
Aweti Editora,1991.
ROGER, Bernard. *Descobrindo a Alquimia*. São Paulo: Círculo do Livro,1992.
SABOYA, Jackson. *Iniciação ao Esoterismo*. Rio de Janeiro: Editora Nova Era,1999.
WILSON, Colin. *O Oculto* 2 v. Rio de Janeiro: Editora Francisco Alves, 1982.

Outras Fontes:
Manuais Maçônicos, Constituição e Regulamento Geral, publicados pela Editora GLESP – Grande Loja Maçônica do Estado de São Paulo, 1992-2005.